ÉROTIQUE DE LA VIE DOMESTIQUE

DANS LA COLLECTION
« L'ÉMOI DE LA FRONTIÈRE »

Gilles Lapouge, *Robinson des improbables* (édition revue et augmentée de *Gilles Lapouge, en toute liberté*, Le Passeur, 2015)

Salomé Cransac, *L'âme voyageuse*

Antoine Marcel, *Sous l'étoile vagabonde*

« S'il n'est pire tare pour une culture que d'être seule, on peut aussi se morfondre dès qu'on accepte de se confondre. Le cyber-citoyen ne retrouvera pas sa fécondité sans retrouver, de quelque façon, l'imaginaire, l'impatience, l'émoi de la frontière. »

Régis Debray

Nolwenn Pétoin

Érotique de la vie domestique

LE PASSEUR
ÉDITEUR

12 rue du Dragon – 75006 Paris
www.le-passeur-editeur.com

ISBN : 978-2-38521-010-6

PRÉFACE

Aux portes des sens

DANS le bouddhisme zen, une histoire fameuse révèle le caractère sacré de chaque instant. Elle met en scène un maître, un être simple et profond, appelé Joshû et un disciple, avide de connaissance, de compréhension, ou juste d'un tout petit gramme de raison dans un monde flottant, appelons-le Descartes. Le disciple demande à Joshû « Maître, je vous en prie, éclairez-moi : qu'est-ce que la Voie, la grande Voie du Bouddha ? » Le maître laisse un long – très long – moment de silence puis soupire : « As-tu terminé ta soupe ? » « Oui... » répond le disciple interloqué. « Eh bien, va laver ton bol. » Puis Joshû, maître majuscule, tourne les talons et retourne à ses activités, dans une indifférence sublime.

Ce dialogue nous plonge au cœur d'une érotique du quotidien, celle-là même dont l'autrice de ce livre souligne page après page, dans une insistance joyeuse, l'importance. Laver son bol : par ce simple geste le pratiquant zen ouvre la porte des sens. Il peut savourer le contact de l'eau sur ses mains, ressentir le poids de son corps devant l'évier, entendre l'atmosphère sonore dans laquelle l'action se déroule, sentir les odeurs de la vaisselle, etc. Il se retrouve alors aux prises avec le Réel, avec ce Réel : celui qui le traverse, à ce moment-là.

Dans une société moderne qui empile les couches de virtualité, la porte des sens est un précieux viatique. Il s'agit – quelle que soit l'activité concernée – de ré-intégrer le corps et de s'ouvrir à l'expérience de l'instant, à travers une expérimentation concrète : en d'autres termes, vivre la vie, directement, au lieu de *penser* à la vie. Vivre la vie telle qu'elle est, dans sa chair, et non telle qu'on voudrait qu'elle soit. En général, nos contemporains ont plutôt l'habitude de réfléchir à la vie, de l'imaginer, l'évaluer, l'analyser, la projeter, de la comparer, la juger, la critiquer, ou de la rêver. Chacun met en branle la « machine à penser » de façon automatique et incontrôlée, du matin au soir. Cette rationalité spontanée nous coupe des ressentis divers qui font le sel de l'existence, ses délices et ses tortures. S'échapper dans le mental, à tout moment, pour éviter de se colleter au réel et à sa brûlure putative, est devenu une manière d'être au monde commune, sinon inconsciente, des sociétés modernes. Plus encore, la sphère internet prenant de plus en plus de place dans nos vies, invite, elle aussi, à la disparition. Happé dans un univers virtuel, l'être humain s'extrait de son quotidien avec frénésie, au rythme des notifications de son smartphone : il laisse son corps sur place, abandonné au moment présent, et arpente aveuglément des métavers soigneusement concoctés par les hypnotiseurs modernes.

Devant ces involutions, le propos du bouddhisme est révolutionnaire : retourner au cœur du monde, se laisser traverser par la sève de la vie et ré-apprendre à s'incarner, vraiment, charnellement, dans cette vie, ici et maintenant.

Alors quel délice, quelle joie, de découvrir un nouveau livre et des mots inspirants pour sautiller sur les sentiers de l'instant présent ! J'ai savouré chaque phrase de cet essai, le sourire aux lèvres et les neurones aux aguets. Car si Nolwenn Pétoin nous invite à partager sa pensée avec humour, le propos est néanmoins savant et novateur : chaque mot est soigneusement pesé, chaque idée est liée à la suivante avec finesse et chaque phrase est ciselée comme un saphir indien.

Au fil des pages, l'autrice nous convie, dans une flânerie littéraire virevoltante, à partir en hors-piste, à oser nous perdre, à faire des détours et à prendre le risque d'une vie hors norme, certes, mais pleinement vécue.

KANKYO TANNIER

Nonne bouddhiste de la tradition zen, conférencière et écrivain, Kankyo Tannier réside dans un monastère en Alsace. Elle est à l'initiative du projet de la Ferme Kibo.

AVANT-PROPOS

Coming-out

LE CHOIX d'écrire une érotique plutôt qu'une philosophie peut surprendre. La philosophie n'est-elle pas déjà un désir, le « désir de la sagesse » ? Pourquoi prendre le risque d'égarer le lecteur en choisissant ce lexique gonflé de sang, épidermique et sensuel ?

Écrire une érotique, pour moi, c'est soulever une question de genre, faire un pas de côté et me découvrir, à cette occasion, sortie d'un placard. C'est assumer une différence de sensibilité et d'orientation. L'héritage philosophique est bien présent, tout de même – c'est cette discipline que j'ai étudiée et que j'enseigne –, mais on le trouvera ici quelque peu détourné, *inverti*. Il ne me suffit pas, j'ai d'autres désirs ; en cela, ce livre est un coming out.

« Érotique » dit que la sagesse que je cherche se trouve à même le corps. Je fais dans ce livre le plus grand cas de la sensibilité et de la chair, bien loin d'y repérer la source d'entraves, d'obstacles, d'obscurités ou de difficultés que la philosophie aiderait à dépasser. L'expérience dont je parle est tout entière à incarner plutôt qu'à penser ; en ce sens, ce livre est un yoga, peut-être même un *Kama-sutra*[1] !

Contourner la philosophie par l'érotique me permet de prendre à travers champs et de tracer tranquillement mon chemin dans les marges d'une discipline qui considère souvent avec évidence que le corps est un vaisseau – ou un char, selon l'image platonicienne – dont il faudrait prendre possession, en apprenant à le connaître et à le dominer, pour qu'il nous conduise « quelque part là-haut », vers une sagesse essentiellement spirituelle.

Selon une telle perspective traditionnelle, l'humanité se joue dans la transcendance de l'ordinaire biologique du corps – ou de l'animalité, c'est tout comme –, puis, de là, dans l'extase[2] par laquelle, redressée sur ses deux jambes, digne et prête à se servir de ses mains pour se mettre à l'œuvre, elle se mesure au miroir du monde et s'estime objectivement la plus grande.

La méthode philosophique qui accompagne une telle représentation de soi s'appuie sur l'universalité de la raison pour dépasser les aléas de la subjectivité et de la sensibilité. Le philosophe se dégage du « je » pour progresser vers le « nous » d'une pensée autonome et libérée de la partialité de son expérience, planant haut dans un ciel baigné par la lumière de la raison et contemplant le paysage terrestre dans l'émerveillement de son

---

1. Puisqu'on ne saurait réduire le célèbre *Kama-sutra* à un inventaire des positions sexuelles ! *Kama-sutra* signifie « les aphorismes sur le désir » ; c'est un texte aussi sensuel qu'authentiquement mystique.
2. L'« extase » – en plus d'être un synonyme d'« orgasme » et de me permettre donc, avec l'innocence un peu sainte Nitouche que l'on commence à deviner, de filer sans vergogne la métaphore – est, en philosophie, un concept signifiant la sortie de soi, l'extériorisation de l'intériorité, le dépassement de soi dans quelque chose d'extérieur, le transport hors de soi (du grec *ek*, « en dehors », et *hístêmi*, « se tenir »).

propre privilège – un sentiment qui ressemble peut-être au ravissement des premiers aviateurs.

« Érotique » signifie que j'aime mieux faire ma vie sur terre, finalement.

Mes textes n'échapperont pas à la subjectivité pour s'envoler vers des sphères plus académiques ; celle-ci sera au contraire assumée et explorée. On trouvera donc un certain nombre de « je » qui m'ont coûté, au départ – on ne soupçonne pas le tabou philosophique qui frappe la première personne du singulier ! Petit à petit, on sentira peut-être qu'ils s'affirment et que, en ce sens, ce livre est une chambre noire, le lieu de mon développement personnel.

« Érotique » dit la conscience de ce livre d'appartenir à une contre-culture et son renoncement à revendiquer une place au milieu du paysage traditionnel, dans le grand meeting aérien de la pensée occidentale. Dans cette contre-culture qui ne cherche pas à voler très haut, il n'y a pas de honte à écrire un texte sur la lessive au seuil d'un livre qui reste pourtant, aussi, philosophique. Il y a même là une manière de relever le menton et d'affirmer une fierté ; en ce sens, ce livre est *queer*.

« Érotique » est un mot d'adulte, dont le choix exprime la rupture avec un certain esprit juvénile qui s'excite de l'aventure, recherche l'extraordinaire et ne parvient à jouir de soi que par le sex-toy des trophées en tous genres qu'il collectionne et exhibe. Mes textes érotisent plutôt l'ordinaire, l'invisible, le silencieux et le temps qui passe ; en ce sens, ce livre est un livre pour adultes.

« Érotique » signifie que je travaille à une contagion du désir. Mon ambition est plus subversive qu'on pourrait le croire, et j'espère, idéalement, quelques effets sur le lecteur : propagation du désir, réinvention de l'ivresse de vivre, découverte de nouveaux plaisirs à partager avec ceux que l'on aime… En ce sens, ce livre invite à une bacchanale !

Écrire une « érotique » plutôt qu'une philosophie, c'est écrire de la même manière que j'aime : au plus ras du sol possible. Je trouve, à hauteur des pâquerettes, une nouvelle perspective inconnue des seigneurs du ciel, un nouveau regard et de nouvelles catégories. J'y découvre la possibilité de remettre en question les évidences, les habitudes, les présupposés et les privilèges. J'y explore la possibilité d'autres désirs et d'autres ambitions. En ce sens, ce livre cède avec délice aux charmes du *female gaze*, le regard tendre et impudique de la sensibilité.

PREMIÈRE PARTIE

In media res[1]

1. *In media res,* locution latine signifiant littéralement « au milieu des choses » : procédé littéraire qui place le lecteur immédiatement au milieu de l'action.

1

Passer notre amour à la machine

LA LESSIVE évoque, plus efficacement qu'aucune autre tâche, l'aliénation domestique.

Maintenant que la machine s'occupe de laver, lessiver consiste à collecter les vêtements, les trier, choisir judicieusement le programme de lavage, les faire sécher et les ranger.

Ramasser les vêtements sales est une tâche ingrate. Celui qui s'en charge risque de ressentir quelques bouffées d'aigreur devant la désinvolture de ceux qui n'ont pas pris la peine de mettre leurs affaires au sale et laissent les slips traîner à côté des tee-shirts malodorants. Parfois, le bras enfoncé jusqu'à l'épaule sous le lit, je tâtonne parmi les moutons de poussière pour attraper la chaussette tire-bouchonnée disparue, sur la piste de laquelle la découverte d'un premier exemplaire esseulé m'avait mise.

Au fil des chambres que l'on visite, on découvre exactement ce à quoi on s'attendait, car la manière dont chacun s'habille et traite son linge l'identifie singulièrement. Les uns n'ont aucun soin pour leurs affaires, les autres les plient. Certains, comme moi, portent leurs vêtements plusieurs jours de suite, d'autres en changent plusieurs fois par jour, surtout pendant les canicules estivales.

Si nous ouvrons les lits, si nous défaisons les oreillers et tirons les couettes hors de leurs housses, l'odeur de celui qui dort là s'exhale dans l'air, aussi singulière qu'un ADN.

Chaque chambre évoque en nous le portrait de celui qui l'occupe, peint au lavis de notre sentiment du moment : agacement, parfois exaspération, tendresse. Amour, amertume. Aliénation souvent : rien ne nous fait nous sentir plus *au service* des autres de ce foyer, et nous devons résister à interpréter plus que de raison la manière dont le linge est laissé à notre découverte comme une expression de la considération qu'on a pour nous. Nous fonctionnons ainsi : nous ramenons les choses à nous. Toujours et à propos de tout, nous *en* faisons une affaire personnelle.

Au fil des chambres traversées et du reniflage des vêtements pour en estimer la fraîcheur, il n'est pas impossible que sourde une certaine indignation, qui, dans le silence de l'appartement, trouvera à s'épancher dans un monologue intérieur décousu – réquisitoire, témoignage, plaidoirie, verdict. Les autres travaillent, sont à l'école ou au sport : ils vivent, pendant que nous nous occupons de laver leur linge. Ils vivent si bien qu'ils n'ont pas même eu l'attention élémentaire de mettre leur linge dans la panière. Ils n'ont pas même fait cet effort qui aurait montré, par quelques secondes concédées, leur engagement conscient dans ce foyer et leur considération pour la personne qui s'occupe de « lancer une machine » pour eux. Serions-nous donc leur « bonne » ? Comment interpréter autrement cette négligence en laquelle nous nous sentons tenus, alors que nous défaisons le nœud d'une jambe de pantalon tire-bouchonné autour d'un slip par le déshabillage expéditif d'un enfant ? Pourtant, nous en faisons, des efforts invisibles, ruminons-nous, en retournant les jeans pour les laver sur l'envers. La plainte cendrillonne joue un violon morose et s'apitoie de son esclavage en accusant l'insouciance des autres.

Quand nous avons terminé de collecter le linge sale, nous décidons de ce que nous laverons et de quelle façon. Couleur ? Noir ? Clair ? Les serviettes ? Les draps ? Le choix se fonde sur plusieurs critères, objectifs ou plus intuitifs. De quoi ont besoin ceux dont on lave le linge ? Que portent-ils aujourd'hui, qui pourrait compléter un tambour trop peu rempli ? Quel temps fait-il ? Le linge séchera-t-il rapidement ? Qu'est-ce qui est vraiment trop sale pour être supporté plus longtemps ?

Le linge clair cristallise la réflexion : certes, on pourrait le laver avec le reste, surtout à basse température, mais on le verrait bientôt griser... Il est plus prudent d'attendre patiemment d'avoir récolté un panier entier de blanc ! Cela arrive plus régulièrement l'été. Nous ajoutons alors au tambour une grosse cuillère à soupe de percarbonate de soude ; ainsi nous aurons lavé ce linge exactement comme il le mérite.

Cette étape du tri est celle où se révèle la qualité du soin à laquelle nous sommes capables de consentir. Prendre soin, c'est prendre en compte les particularités et la fragilité de ce que nous soignons, humain ou textile ; c'est observer et devancer ses besoins, s'efforcer de lui donner ce qui est bon pour lui, quand bien même il ne peut l'exprimer. C'est offrir son attention à la personne ou à la chose qui n'est pas forcément capable de l'exiger, c'est partager la considération de ses intérêts et de son bien-être. Les vêtements, comme ceux qui les portent, sont tous différents. Coton ? Synthétique ? Laine ? Lessiver, c'est décider de la manière dont nous sommes disposés ou non à respecter la nature de chaque chose. Nous pouvons forcer. Les vêtements blancs deviendront gris, jauniront sans espoir d'amélioration au col et sous les aisselles. Les vêtements synthétiques deviendront rêches, la laine perdra son moelleux et se couvrira de bouloches, le coton rétrécira, les taches s'incrusteront. À ce moment, il ne restera qu'à les jeter et racheter de nouveaux vêtements. Les magasins regorgent de vêtements pratiquement jetables, qu'un passage en machine suffit à désoler.

La magie moderne opère et libère du travail de lavage proprement dit. À une autre époque, la description du lavoir aurait été le cœur de ce texte. J'aurais évoqué, peut-être, les mains rougies par l'eau froide, les commérages et la sororité, les chants ou encore la plainte de l'asservissement et l'espoir du progrès moderne. Le lavoir devait fonctionner comme une sorte de réseau social, mangeant les heures des femmes, abîmant leurs mains et – j'espère – réchauffant leurs cœurs.

Au lieu de cela, la machine à laver enchaîne les cycles, souvent dans le silence du début d'après-midi, quand les heures creuses permettent le lavage le plus économique. Le linge tourne lourdement dans le tambour qui s'arrête de temps en temps pour le laisser détremper au fond de la cuve. L'essorage enfin, strident et trépidant, signale l'imminence de la fin de cycle.

Il vaut mieux éviter de laisser le linge mouillé trop longtemps enfermé dans le tambour. Alors on sort le tancarville, à défaut d'un sèche-linge. On fait tomber dans une grande panière en plastique le linge encore chaud et humide, froissé et entortillé. C'est le moment, éventuellement, de se mordre les doigts en découvrant qu'on a oublié un mouchoir en papier dans une poche.

On peut apprécier le silence et le frottement du tissu mouillé ou en profiter pour écouter un podcast. On pêche dans le panier les vêtements un à un et on les étend. Chaque pièce est passée en revue, examinée. C'est le moment de découvrir les trous et les taches résistantes. C'est le moment de penser à chacun des membres du foyer. À mesure que les vêtements passent entre nos mains, leur présence défile aussi.

La lessive est une occasion de saisir le passage du temps, car les vêtements ont leurs saisons, leurs pics d'utilisation et leurs derniers tours de piste. Les bodies en trois mois qu'on étend par série de dix disparaissent petit à petit. Nous éprouvons un serrement de cœur en nous rendant compte que c'était la dernière fois que nous lavions ce minuscule tee-shirt. Aurons-nous jamais un autre enfant, pour qui le remiser ? Ce que nous suspendons avec des pinces à linge, dans la chambre noire de la buanderie, ce sont des instantanés de la famille. Au début, des habits d'homme, de femme. Puis des pantalons de grossesse et des soutiens-gorge d'allaitement. Des pyjamas en un mois, trois mois, six mois, neuf mois, éphémères témoins d'une période si marquante qu'ils seront capables de faire monter les larmes aux yeux quand nous les sortirons de la housse dans laquelle ils auront dormi des années, rangés sous le lit. De minuscules pantalons, des chemisiers coûteux que nous nous sommes offerts parce que nous devenons adultes, des tee-shirts de groupes de musique parce que nous restons jeunes. Des tee-shirts manches longues de

Harry Potter ou de la Reine des neiges. Des chaussettes de sport par milliers. Des habits d'adolescents, bientôt, idiots ou provocateurs. Quand les adolescents s'en iront, on se souviendra des grenouillères qui séchaient il n'y a pas si longtemps : à peine à un battement de cœur de là.

Enfin, le soir même quand la canicule blanchit tout en été, ou trois jours plus tard quand l'humidité froide de l'hiver fait obstacle, le linge est sec. Les slips et les chaussettes ont la rigidité du carton et l'odeur de la lessive.

Si je repassais, je décrirais ici ce moment méditatif, rythmé par les nuages de vapeur et l'odeur du fer chaud ; mais je me contente d'étendre assez soigneusement le linge pour que les pliures soient nettes et qu'un lissage du plat de la main fasse office de repassage.

Nous plions par destination, par personne et par catégorie de vêtement. Chaque membre du foyer se voit constituer une pile bien nette en haut de laquelle culminent, en équilibre précaire, les chaussettes et les slips.

On peut s'exercer au pliage façon Marie Kondō[1], mais j'ai tendance à penser que sa méthode est un peu névrotique. Je préfère éviter au soin de dégénérer en maniaquerie. La différence, c'est l'amour : prendre soin des vêtements de ceux qu'on aime, c'est les aimer activement ; laisser notre obsession de l'ordre prendre le dessus, c'est organiser notre petite tyrannie domestique, promulguer des lois arbitraires, étendre notre empire, régner.

---

1. Marie Kondō (1984 –) est une auteure et personnalité médiatique japonaise, spécialisée dans le rangement. Elle est l'inventeuse de la méthode du « KonMari ».

Les piles sont enfin distribuées, les vêtements suspendus dans le dressing ou empilés sur une étagère, les slips et les chaussettes rangés dans leurs boîtes respectives. Un sentiment d'achèvement passe en nous comme un nuage, à peine remarqué. Il n'y a pas de gratitude à attendre de ceux qui trouveront ces vêtements propres et disponibles, mais notre présence silencieuse est pliée dans les tee-shirts et roulée en boule dans les chaussettes.

2

La confiance des carottes

UN ASPECT important du soin de notre corps est l'attention souple et consciente accordée à ce dont nous nous nourrissons. Les principes sont bien connus : éviter les produits industriels et découvrir le plaisir de cuisiner, faire de son assiette un lieu où se vivent et se fêtent les saisons, inventer plutôt que de suivre des recettes, exprimer sa créativité, développer son style, explorer des phases, respecter les dégoûts, inventer des traditions.

Certains lisent votre personnalité dans le marc de café ou dans les lignes de la main. Je pense qu'on lit plus sûrement quelqu'un dans sa cuisine. Deux ou trois fois par jour, chacun s'y exprime sans masque ni faux-semblant : ce n'est pas dans cette activité que l'on se dissimule ou que l'on s'embellit, on y baisse plutôt sa garde sociale – dès lors qu'on ne « reçoit » pas.

La cuisine est un héritage. Un patrimoine du goût se constitue dans l'enfance, de la même manière que chacun apprend la langue maternelle. Il est constitué de la variété des produits cuisinés, augmenté des techniques et habitudes de préparation, de toute la gamme des odeurs et de tous les rituels qui font le socle de l'enfance, aimés ou haïs. Le samedi soir, on mange des crêpes. Le mercredi midi voit l'éternel retour de l'omelette purée. Le dimanche soir, on dîne des restes. Ce patrimoine est invisible, dissimulé sous l'aspect de la normalité, dont il n'y a rien à dire. Ce dont on hérite est ce qui va de soi.

Parfois, l'enseignement des techniques et l'habitude pratique qui permet de s'approprier l'héritage ne sont pas transmis, et ils sont perdus pour celui qui quitte ses parents. Les plats que nous avons mangés dans notre enfance ne sont de toute façon jamais reproductibles. Nous ne les retrouvons qu'en rentrant à la maison ; alors nous demandons la recette, en précisant que nous avons essayé, mais que ce n'était « pas pareil ».

Notre cuisine n'est jamais vraiment générique, mais elle est toujours individuelle. Il y a bien des styles, des tendances et des modes, mais finalement, personne n'est autre que soi devant son plan de travail et l'on ne cuisine jamais que ce que l'on est. La cuisine aussi est un style, qui exprime l'ensemble du spectre d'une présence. C'est l'ombre portée de notre vie que nous mangeons.

Il y a ceux qui n'aiment pas cuisiner. Contraints par la nécessité, ils se contentent de maîtriser quelques recettes de base et les répètent inlassablement, en intercalant suffisamment de plats préparés industriels ou livrés à domicile pour obtenir une certaine impression de variété. Il n'est pas question de patrimoine ici, mais de la simple nécessité de se nourrir, rappel objectif de l'aliénation biologique et domestique. On se passerait volontiers de cette corvée, si seulement on était libre. L'heure avançant commande quelques préparations rapides et mécaniques. Les gestes techniques sont réduits au minimum et ne s'embarrassent guère de sensualité ou de méditation : on ouvre des boîtes, on déchire des sachets, on met à la poubelle du plastique et du carton, on programme des minuteurs. Les odeurs elles-mêmes sont standardisées.

Or « l'essentiel n'est pas de vivre, mais de bien vivre » : c'est ce que Platon fait dire à Socrate et la philosophie aurait pu s'arrêter là. On commence à « bien vivre » quand on cesse de projeter de le faire plus tard et que l'on décide que c'est toujours maintenant.

Si préparer le repas n'est qu'une action contrainte et importune que nous sommes bien obligés de concéder à nos besoins physiologiques alors que « la vraie vie » est ailleurs, quelque chose est manqué. Voilà ma boussole. La vie n'est pas quelque chose *d'autre* que l'on réussirait à braconner de temps en temps sur les terres de la servitude, elle n'est jamais *ailleurs*.

Mais il y a des plaisirs auxquels il est nécessaire d'être éduqué. Ils s'apprennent plus facilement sur la base d'un héritage solide, quand une volonté de transmission a permis qu'on se les approprie et que l'on a conscience de leur valeur. Ils ne se développent pleinement qu'en l'absence de contrainte, lorsque nous guide vers eux la jouissance intrinsèque qu'ils nous permettent d'expérimenter. Ceux qui ne connaissent pas ces plaisirs ne croient pas qu'ils existent, ils ne les estiment pas ni ne les regrettent. Ils n'apprendront à cuisiner que sous la contrainte, et jamais plus que le strict nécessaire.

Les réseaux sociaux ont beaucoup fait pour le développement d'une érotique de la cuisine, débridant la créativité, inventant des fusions culturelles improbables et parfois géniales, réenchantant des gestes ancestraux et libérant la possibilité de fantasmer sur le charme désuet des ustensiles – le succès planétaire *made in* Tik Tok d'une vénérable marque comme Le Creuset, par exemple, laisse rêveur...

Les plaisirs qu'on trouve en cuisine sont enracinés et créatifs, manuels et méditatifs.

Ils donnent l'occasion de célébrer chaque saison comme elle passe et revient, avec le charme féminin et ambigu des cycles. Il y a ce que l'on attend – les fruits d'été, ou bien la saison des kakis – et ce que l'on ne veut plus voir – les courges qui s'obstinent jusqu'au printemps –, ce qui naît, ce qui est abondant et ce qui disparaît. Cuisiner suivant les saisons permet de vivre chacune d'elles, de les sentir passer, de pratiquer des rituels et d'inventer des habitudes : de les aimer. Comment vivre les saisons si on ne les mange pas ?

Cuisiner nous enracine dans le terroir où nous vivons et permet à chacun, un peu mieux et un peu plus, d'être *d'ici*. En cela, le marché est l'idéal, puisqu'on peut y trouver l'excellence des produits et des savoir-faire locaux ainsi que le contact direct avec les producteurs à qui l'on permet de vivre sans les intermédiaires suspects dont la modernité organise la prolifération. Parfois, comme chez moi, le marché est parfaitement situé : à proximité des jeux d'enfants où il y a toujours quelques amis à retrouver, qui profitent du soleil dominical au milieu des cabas remplis. On porte précautionneusement les cafés à ceux qui sont restés surveiller les petits, on déchire des morceaux de pain pour occuper les bébés, on attrape les conversations au vol et on les abandonne brutalement, constamment interrompus par les enfants à moucher et à consoler, frustrés et heureux.

Manger local, c'est étendre la maison jusqu'aux commerçants du quartier par une connaissance experte des spécialités et des trésors de chacun, sans oublier les restaurants du centre-ville, où l'on se rend à pied pour déguster toujours le même plat – on a un peu honte de ne jamais varier notre commande.

Il y a un plaisir de maître à régner sur son plan de travail. On aime mieux travailler chez soi, entouré des tiroirs dont on connaît le contenu, des couteaux dont on sait lequel est le meilleur, du four dont on connaît les caprices. Il faut planifier une progression logique, qui tienne compte des temps de préparation, de marinade, de repos de la pâte et du temps de cuisson. Organiser un espace et rationaliser l'usage des ustensiles. Ne pas laver la poêle dans laquelle les courgettes ont laissé leur caramel avant d'y faire revenir les pâtes. Investir dans des outils fiables, agréables à utiliser, et aiguiser les couteaux régulièrement. Résister au contraire au charme tapageur des multiples robots et accessoires culinaires qui encombrent le plan de travail et le fond des placards de leurs options redondantes et que l'on n'utilise jamais parce qu'ils réclament un nettoyage fastidieux. Chacun a ses outils ou accessoires favoris (je n'imagine pas la vie domestique sans une bouilloire).

Il y a un plaisir d'artisan à connaître la matière et sa technique. Chaque produit est déclinable selon une gamme vertigineuse de préparations possibles : cru, cuit, en entrée, en plat, en dessert, en boisson. En base, en accompagnement, en note de fond. En carpaccio, à la vapeur, poêlé, rôti, gratiné, frit, saisi, croqué. En julienne, en rondelles, en émincé, râpé. La maîtrise consiste à connaître l'intimité de chaque ingrédient et sa réaction au travail qui la transforme, à anticiper le résultat de tel ou tel traitement de notre produit : à réaliser notre idée. Il y a tant d'obstacles que l'on apprend à contourner ! Combien de tartes détrempées avant que l'on saupoudre la pâte de poudre d'amande et de sucre qui absorbent le jus des fruits ? Et quel progrès que d'enrober le tofu de fleur de maïs avant de le frire ! La maîtrise est un plaisir de chef, exigeant, précis, impérieux. « On ne commande à la nature qu'en lui obéissant ! » disait Bacon : on ne gouverne sur notre plan de travail qu'en connaissant l'intimité, les susceptibilités et les grâces de chaque produit, en les aimant sans les brutaliser. C'est notre soumission qui les exhausse.

Il y a un plaisir de moine à découper les légumes. Leur fraîcheur et leur humidité, leur innocence et leur bonne grâce rendent l'éminçage hypnotique. La concentration se pose sur le fil de la lame et se donne tout entière à l'activité. La répétition dans la variation désencombre la tête de ses pensées, le geste berce le corps et la cuisine se mue en petit temple éphémère. Chaque dé, chaque tranche, se rapproche à sa manière de la perfection du gabarit qu'on a en tête. Chaque enfoncement de la lame permet d'éprouver et d'explorer la densité propre du fruit que l'on découpe. De gauche à droite, au fur et à mesure qu'ils passent entre nos mains, les légumes et les fruits, de sauvages, deviennent dociles. On domestique de la pointe du couteau une botte de carottes, et les voilà disciplinées en rondelles, prêtes à s'offrir, confiantes.

Il y a un plaisir d'artiste à créer. Si l'on se contente de réaliser les recettes, on est artisan. Si on les réussit à la perfection, on peut même être virtuose. Mais ce qui fait un artiste, c'est la capacité de s'abandonner à l'inspiration et à l'imprévu, à cuisiner plutôt qu'à suivre des recettes à la lettre. Comme un artiste, on commence par apprendre les règles générales. Mais comme un artiste, on se spécialise dans une technique, on l'explore et parfois on passe à travers, débouchant dans des contrées inexplorées. On a sa gamme, son style ; ses effets favoris, ses dégoûts injustes ; ses habitudes efficaces et ses audaces ratées. On a ses périodes, ses séries. L'art s'exerce à la faveur d'une contrainte qui, bien loin de l'empêcher, permet le jeu créatif. La contrainte en cuisine est plurielle : le contenu du garde-manger, combiné à l'échéancier des dates de péremption et aux restes conservés des repas précédents, forme la palette. Sur cette base, le temps dont nous disposons, le nombre des bouches à nourrir et l'intensité de notre envie de cuisiner composent un problème toujours différent, que l'inspiration vient parfois résoudre avec élégance. Parfois non, et on met de l'eau à bouillir pour des pâtes.

Il y a un plaisir de mère à nourrir. On est rassuré quand l'autre mange, on se sent reçu dans l'amour que l'on donne. L'ascendant du cuisinier sur son hôte est maternel, partageur, attentif. On se fait meilleur qu'on n'est et l'on se hausse un peu plus haut que soi, moins égocentré, plus conciliant. Chaque éloge donne bien plus de fierté qu'on n'en devrait raisonnablement concevoir. L'hospitalité est la vertu de ceux qui ont un foyer : puisant à cette source, on donne mieux que ce que l'on garde pour soi et on sort la plus belle vaisselle.

Il y a un plaisir de prêtre, enfin, à célébrer dans le temple du corps ces trois cérémonies quotidiennes. Mon opinion est qu'une alimentation non violente – principalement végétale et bio, donc – convient mieux à la vie spirituelle. Respecter l'humanité en soi, c'est choisir ce que, seuls parmi tous les animaux, nous sommes libres de choisir : l'amour de tout ce qui vit et la compassion, par-delà l'aveugle violence de la chaîne alimentaire. Les humains peuvent être saints, s'ils le veulent, comme leur nature la plus profonde les y invite. Certains sont plus païens que moi et rôtissent des hécatombes sur l'autel de la convivialité humaine, jouissant sans entrave du pouvoir que Prométhée nous a donné et qui nous a installés tout en haut.

J'aime mieux manger ce qui veut l'être, comme les fruits, dont la pulpe sucrée n'a d'autre vocation que de nous séduire.

3
Théologie domestique

POUR nous autres « théophiles », boire le thé est un rituel qui soutient, réconforte et recentre. C'est l'office privilégié de ceux qui célèbrent la douceur domestique sous toutes ses formes. À l'aube, il invite la journée à entrer dans le cœur. Il donne des pauses à l'affairement. Il réunit autour de son plateau la famille ou les amis. Il soutient le travail de l'esprit et accompagne la lecture au fond d'un fauteuil. Ses variétés se prêtent à toutes les saisons et à toutes les heures. Les théières, services à thé et autres mugs permettent au passionné de *geeker*. La perfection à portée de main de sa préparation permet au puriste de toucher l'absolu plusieurs fois par jour.

Le thé matinal est une salutation au soleil. Même si je me douche avant, le thé est le moment où la journée commence. Il parle à mon âme de yogi ou de prêtre qui s'incline silencieusement devant l'éveil. La journée se déroule différemment selon qu'on l'a saluée et qu'on s'est effacé pour la laisser entrer, en hôte de marque, ou selon qu'on se contente de subir la pression de la montre.

Le thé permet de dédier un moment au commencement, comme une courtoisie accordée à la journée nouvelle. Les auspices paisibles de l'infusion donnent la couleur du matin : jaune, vert, caramel ou noir.

L'eau chaude convient merveilleusement au corps qui se réveille. L'hydratation soigne la sécheresse de la nuit et la chaleur nous emmitoufle l'intérieur comme un édredon de plumes d'oie.

Petit à petit, la théine aiguise l'esprit. Les derniers lambeaux de fatigue s'estompent alors que le ciel bleu de l'attention et l'air vif de la journée nous disposent à l'action.

La dernière fois que je repose ma tasse, je suis prête.

Les hommes travaillent mal quand ils croient devoir prendre modèle sur les machines. Ils croient que le temps est uniforme et qu'ils doivent tenir la cadence. L'industrialisation n'a eu de cesse que de rationaliser le temps de travail, de le mesurer, de le contraindre et de « mécaniser » l'homme lui-même.

La machine a une cadence, mais l'homme a un rythme. La machine ne connaît ni jour ni nuit, ni éveil ni digestion. Le travailleur contraint à la cadence de la machine et dont la pointeuse délimite rigoureusement la journée, vit en territoire hostile. Évoluant dans un milieu qui ne se soucie pas de respecter sa nature biologique, il lutte contre ses rythmes, nie l'heure de la sieste, force par-dessus la fatigue cérébrale, repousse loin de son attention les douleurs posturales. La pause-café à la machine offre quelque réconfort.

Pour ceux qui ont la chance de pouvoir travailler au rythme de leur théière, le thé scande la journée et ponctue l'ouvrage. Il y a le thé virgule, que l'on prépare avant de se jeter dans la suite ; le thé de suspension, quand le travail se perd dans le vague et que l'on espère clarifier l'orientation. Il y a le thé d'interrogation, quand on n'y arrive pas et qu'il faut arrêter de s'entêter ; et peut-être aussi le thé d'exclamation, qui récompense une victoire.

Le thé nous porte à bout de bras dans le marécage d'une inépuisable pile de copies à corriger ou de dossiers à traiter ; il est un allié indéfectible dans l'ascension de la face nord d'un livre compliqué et il soutient tous les marathons intellectuels. Les volutes de vapeur parfumée nous déposent avec douceur et précision au cœur de notre activité et la théine, comme son nom l'indique, fraye des chemins neuronaux pour une puissance souterraine et amie.

Le thé rend le travail humain.

Le thé tricote les pelotes des cœurs et des vies. Il y a un spiritisme des théières et des tasses que l'on dispose sur un plateau, invitant sans méfiance toutes les conversations qui passent par là. Parmi celles-ci, certaines sont de vieilles amies, bien connues de tous les protagonistes ; d'autres font d'épaisses couvertures qui réchauffent quand la vie est froide. D'autres encore, rares et puissantes, engagent des processus souterrains bientôt impossibles à endiguer. Le battement d'aile d'une phrase, peut-être seulement d'une subordonnée, le choix freudien d'un adjectif ensemencent secrètement d'épouvantables tempêtes.

Entre sœurs, on s'inquiète pour ses parents ; entre amies on commente les histoires d'amour et la mutilation de genre qui empêche les hommes de s'approcher de leurs sentiments ; entre mère et fille, on parle des enfants ; entre grand-mère et petite-fille, on se raconte du mieux qu'on peut en négociant avec sa pudeur. Entre belle-mère et bru, on s'apprivoise, autour de celui dont on complète l'interminable puzzle, en échangeant les pièces les plus énigmatiques et en inventant des hypothèses herméneutiques.

Offrir de préparer un thé, c'est prendre soin de son hôte et proposer, pendant une trêve de l'action, un moment à partager. Accepter de prendre le thé, c'est abandonner sa réserve, et quelle que soit l'heure, la préparation du plateau à thé en fait un éternel *five o'clock*. Si des biscuits, du chocolat ou de petits sandwichs l'accompagnent, alors tout est réuni pour que les confidences mûres passent nos lèvres.

À cet effet, un thé noir me semble le plus propice, ou peut-être un thé fumé, comme un Lapsang souchong. Il n'est plus trop tôt et il n'est pas trop tard. J'aime mieux alors partager une théière que distribuer de petits sachets individuels.

Servir le thé est une série de gestes que l'on effectue avec les instruments appropriés. Gestes et instruments peuvent être réduits à la portion congrue ou explorés et investis comme une nouvelle discipline.

Le thé le plus misérable est un mug publicitaire rempli au robinet, chauffé au micro-ondes avant qu'y soit plongé un sachet triste, dont il faut sans attendre repêcher le petit carton jaune qui n'a pas manqué de sombrer – sinon le carton et l'impression infuseraient aussi et risqueraient, il me semble, de compromettre notre santé hormonale. On se brûle souvent parce que l'eau chauffée au micro-ondes est fourbe, d'apparence inoffensive, mais durablement bouillante. Nous touchons le fond quand, après avoir oublié notre tasse, nous nous forçons à boire les trois gorgées froides qui restent par sens du devoir, alors que l'infusion excessive a détruit toute saveur et n'a laissé que l'amertume.

À l'inverse, il existe au Japon, à Kyoto en particulier, une voie du thé[1], dont l'élévation mystique n'a rien à envier aux autres fleurons du zen, comme l'arrangement végétal (*ikebana*) ou la calligraphie (*shodō*).

Les services à thé constituaient des pièces de choix dans les vaisseliers des salles à manger bourgeoises ou des maisons de famille - qu'il s'agisse de luxueux cadeaux de mariage dorés à l'or fin, d'héritages coloniaux, de trésors de petites assiettes, soucoupes et tasses ornées de délicates petites roses autour d'une théière pansue et de cuillères dont l'usage est devenu désuet. Il y a dans *Les Malheurs de Sophie*[2] la description d'une dînette de rêve : de tels services sont des objets du culte domestique dont les femmes étaient les prêtresses, et l'on pense à l'Ange du foyer que Virginia Woolf a dû sauvagement assassiner pour se donner une chambre à soi.

---

1. À propos de cette voie du thé comme art de vivre, on peut lire, de Kakuzō Okakura, *Le Livre du thé*, Picquier Poche, 2006.
2. Comtesse de Ségur, *Les Malheurs de Sophie*, Hachette, 1re éd. 1858.

4

Une chambre à soi

« UNE CHAMBRE à soi[1] », réclamait Virginia Woolf – ainsi que 500 livres de rente annuelle : peut-on faire titre plus racoleur et transgressif, pour nous autres amateurs d'érotique domestique ?

Le titre de l'essai de Virginia Woolf est simple, d'une puissance à engendrer des mondes. L'image, surabondante comme une idéologie qui germe, fait éclore fantasmes et revendications, nourrit l'espoir, encourage la pugnacité, dessine même une humanité rêvée ! Il me semble possible qu'une image si vigoureuse soit d'ascendance poético-daïmonique et que Virginia ait joui du genre de faveur surnaturelle dont était gratifié Socrate.

Que faire chez soi, que faire de cette chambre ? L'image suscite désirs, visions et ambitions. On pourra s'y tenir, soustrait aux regards et aux responsabilités. Se divertir de l'activité par l'ennui, de la productivité par l'oisiveté. Y demeurer en repos et y créer. Y libérer son

---

1. Marie Darrieussecq propose une nouvelle traduction pour *A place of one's own* : « Un lieu à soi ». On perd en érotique ce que l'on gagne en correction.

plaisir, sa paresse et son ambition. Travailler, apprendre et pratiquer.

« Une chambre à soi » : l'expression réveille en moi des appétits d'adolescente quittant la maison de ses parents, le désir de m'approprier un espace pour y mettre en scène ce qui fait, secrètement ou non, réagir mon épiderme. J'y mettrais des livres, une ou deux reproductions encadrées, quelques sérigraphies d'artistes méconnus et, bien sûr, de quoi écouter de la musique. Un lit, avec une couette déraisonnablement chaude. Un fauteuil et une table de travail. Une étagère pour la bouilloire, la théière, les tasses et les boîtes à thé. Un *zafu* sur un *zafuton*[1], un tapis de yoga, un autel discret. Aucune surface ne serait encombrée de bibelots, mais quelques compagnes végétales pourraient s'offrir avec moi à la caresse filante du soleil et s'endormir sur elles-mêmes le soir.

Une chambre à soi, c'est le plaisir d'explorer ce que nous sommes et la manière dont nous changeons. C'est la promesse exprimée en mètres carrés que nous pourrons nous adonner impunément au caprice du jour. Dormir, lire des bêtises, jouer de la musique ou travailler à notre « grand œuvre ». Nous asseoir et dilapider notre temps.

Congédier la morale en tout cas, et le panoptique social. Dans sa chambre, on a le droit d'être soi-même ; dehors, on en a le devoir : il y a moins lieu de veiller à sa sincérité dans sa chambre, même s'il faut rester sur ses gardes.

La chambre est un laboratoire pour notre vulnérabilité, où nous pouvons expérimenter en sécurité et nous

---

1. Le *zafu* est le coussin de méditation sur lequel s'assoient les moines zen. Le *zafuton* est le tapis carré sur lequel est posé le *zafu*.

autoriser certaines expériences ou pensées dangereuses : incendiaires, tectoniques.

Une chambre à soi, c'est le lieu le plus sûr du monde.

Pour cette raison, c'est aussi le lieu le plus dangereux. L'air que nous y respirons n'est brassé par aucune autre poitrine, et nul regard, nulle pensée ne relativisent les nôtres. Aucun garde-fou n'empêche le délire de s'étendre, l'introspection de s'abîmer, comme Alice dans le terrier. Possiblement, on y est soi, jusqu'au solipsisme.

Adolescente, j'ai vécu dans ma chambre pendant trois ans. Je n'allais pas au lycée, mais je travaillais à mon bureau, avec un sérieux suffisant. La plupart du temps, je lisais. La solitude m'était un soulagement, mais l'introspection qui a poussé sur cette terre était une forêt de ronces – l'image qui se présente alors que j'écris ce texte est celle du château de la Belle au bois dormant, aussi impénétrable qu'un songe au cœur d'un entrelacs sombre de lianes serpentines et d'épines acérées. L'ensemble de cette période paraît en effet un rêve, une suspension hors du temps commun, pendant laquelle je n'ai entendu personne d'entre ceux qui me parlaient.

À l'abri dans ma chambre, l'introspection, débridée au stylo noir dans des carnets, se faisait toujours plus noire, romantique et complaisante. Dans ma solitude, il n'y avait personne pour m'empêcher de passer le garde-fou, aucune Ariane pour dérouler son fil jusqu'à moi – faute sans doute de pouvoir même s'imaginer le lieu où je me trouvais. Je jouais à la vie et à la mort, à la grandeur et au désespoir, je manipulais les poisons de l'âme en savant fou, je délirais de passion et de désespoir, j'empêchais de se refermer les plaies que je m'infligeais. Pour cette raison, je ne conseillerai à personne de tenir un journal intime. Des années plus tard, j'ai jeté aux ordures ce *horcruxe*[1].

Je me méfie maintenant du genre de sécurité que garantit la solitude, du plaisir capiteux qu'elle exhale. À l'abri des autres : c'est là que délirent les ronces et que la spirale ombilique se fait trou noir.

Une chambre à soi est donc un genre de *pharmakon*, remède ou poison selon l'expertise de celui qui administre et la constitution de celui qui y est exposé.

Je conserve à ce sujet les leçons de Pascal, de Thoreau et de Proust. De Pascal, la mise au jour de la nature alchimique de l'expérience que l'on fait en demeurant en repos dans une chambre. Chacun y est révélé selon la matière spirituelle qui le constitue : intoxiqué par la bile désespérée qu'il sécrète, hébété par le sevrage du divertissement ou trempé au feu mystique.

De Thoreau, la solitude comme une expérience, et non un fanatisme : à Walden, il y avait trois chaises : « Une pour la solitude, deux pour l'amitié, trois pour la société. » Son expérience à lui dura un peu plus de deux ans.

De Proust, la chambre comme l'expression chimiquement pure de la sensibilité de chacun, l'envers visible de l'intérieur invisible. Changer de chambre, c'est abandonner derrière soi un univers, mourir un peu à chaque fois ; c'est cela, vieillir.

---

1. Dans *Harry Potter*, J. K. Rowling appelle *horcruxe* les artefacts maléfiques dans lesquels Voldemort dissimule une partie de son âme pour s'assurer l'immortalité.

5

L'art des épices et la sagesse de la *genmaï*

LIRE, voir, écouter : ces trois épices imprègnent avec subtilité le parfum domestique, elles en font l'épaisseur et l'altitude : rarement en note de tête, souvent en note de cœur et, pour les plus précieuses, en note de fond.

Il faudrait en user avec parcimonie pour enrichir la saveur de la semaine et en sertir le goût avec la délicatesse d'un sillage. Mais c'est un peu comme avec le sel : on a tendance à en mettre toujours plus et, à force d'exhausser le goût des choses, il les rend difficiles à aimer nues.

C'est dans le souvenir que l'on prend le mieux conscience de cette imprégnation des jours par le parfum d'un livre, d'un album, d'une série, car le présent est saturé par l'action et n'a pas encore décanté. Travailler, ranger, laver, préparer, soigner : faire. Les nécessités prennent beaucoup de place, la question est de savoir ce qu'elles laissent et ce qu'on en fait.

La tristesse de notre début de siècle est l'envergure inédite des processus d'arraisonnement du temps libéré de l'action par l'axe des industries de l'attention, du divertissement et de la consommation. Les flux des smartphones sont voraces.

Il y a quelque chose de désuet à lire un livre. Quelque chose de résistant à s'allonger pour écouter un album plutôt que de l'écouter en vaquant à nos activités. Quelque chose de pleinement contemporain, en revanche, à continuer la saison en cours d'une série.

On demandera à d'autres que moi d'écrire l'amour du cinéma : j'aime mieux les séries. Non que je ne m'y intéresse pas, mais j'aime *continuer*, voir les choses durer et se renouveler, répétition et variation. J'aime les séries parce que j'aime les romans, que je lis rarement d'une traite car je préfère savourer le rendez-vous quotidien avec les personnages. Les films peuvent être aussi bons qu'on le veut, ils n'imprègnent pas à la manière d'une bonne série, d'un livre ou d'un album – à moins qu'on ne les regarde en boucle, comme le font les enfants.

Les livres et les albums aussi sont des saisons, une atmosphère dont l'efficacité sur nous est sensorielle et travaille dans le ventre – la tête est occupée ailleurs. Couleurs et lumières, mélodies et tonalités, émotions et sentiments. Ce sont les saisons privées, peintes entre l'auteur et moi par l'ensemble des images et des sons qui croissent comme un jardin, intentionnel, de hasard et de terroir. Dans ce jardin, on rencontre les personnages et les mélodies, on suit les lianes des intrigues. Les paroles du morceau qui nous appelle labourent de profonds sillons, d'où germent toutes sortes de fleurs inattendues, de réponses secrètes à des questions qu'on se posera plus tard et que l'on comprendra seulement quand le moment sera juste. Les œuvres dont nous avons besoin savent trouver leur chemin vers nous, par une sorte de magie souterraine que chacun a déjà pu observer.

Parlons de qualité. Je propose ce critère : cette saison m'a-t-elle altérée de quelque manière que ce soit ? Ce livre m'a-t-il montré ce que je ne voyais pas, m'a-t-il appris ce que je ne savais pas ignorer ? Cet album a-t-il développé un nouveau rameau de sensibilité ? M'a-t-il tenu la main dans l'épreuve ou a-t-il gonflé la légèreté de mon cœur en vacances ? Ce personnage s'est-il fondu en moi ? Cette histoire est-elle l'un de mes souvenirs ? Mon monde a-t-il changé ? C'est *l'expérience* que je cherche, qui résonne, interfère et transforme à la manière d'une épice exotique, ouvrant dans les saveurs connues de nouvelles profondeurs et perspectives, dévoilant autrement ce qui avait toujours été là.

Il y a ceux qui n'aiment pas spécialement les épices, qui préfèrent les goûts bien connus, rassurants, sans trop de relief et dont le but n'est pas de transformer, mais de conforter. *Mainstream, blockbusters, bestsellers*. À eux les plats préparés et le miracle industriel d'un goût uniforme. À eux le divertissement qui se reconnaît à ce qu'il n'est *pas* une expérience : il n'éprouve pas, ne développe rien et vous laisse intact, soulagé seulement du temps passé comme un voleur.

Du divertissement, on émerge identique et drainé, un peu affaibli et vaguement hagard, car l'attention qu'on a laissée couler grande ouverte est une ressource aussi précieuse que l'eau, trop évidente pour qu'on en perçoive la valeur et que l'on gaspille volontiers. L'industrialisation du divertissement se reconnaît à cette standardisation confortable qui dispense d'efforts dont nous ne voyons pas l'intérêt. Nous y sommes en terrain connu puisqu'il s'agit de retrouver toujours la même chose, de recommencer le même plaisir en allant droit à la satisfaction[1].

Et puis il y a les autres, qui aiment trop les épices et ne supportent pas l'ordinaire. Ceux-là courent un danger plus rare et autrement vertigineux. La vie nue leur apparaît fanée et provinciale sans les couleurs de la fiction et la saturation dramatique. Le silence domestique que trouble seulement le ronronnement du réfrigérateur ou le cycle mou du linge dans la machine leur est insupportable sans le secours de la musique (ou même le fond sonore d'une émission de télévision). Les voisins et collègues n'atteignent jamais l'épaisseur du moindre personnage et leur banalité est décourageante. Les rues bien connues et mille fois empruntées sont détestées, car seul le filtre de la fiction permet à un lieu d'atteindre quelque densité. Le bovarysme mortifie et assèche le cœur domestique.

Les épices sont particulièrement dangereuses pour ces sensibilités exsangues, enracinant le mal dont elles cherchent à se délivrer. Au stade terminal, le réel est entièrement déserté à mesure que l'art est devenu perfusion. Le vampirisme culturel maintient l'illusion, mais la vie ne bat pas dans ces veines.

---

1. À celui qui m'objectera que tout ce qui se vend n'est pas forcément, *parce qu'il se vend*, sans saveur ni intérêt, je répondrai : évidemment non. Le critère que j'admets est celui de l'efficacité sur soi, et la question du succès ne doit pas s'y substituer ni interférer avec cette évaluation. Elle doit être laissée un peu à côté : notable, mais pas essentielle. Certaines choses sont excellentes et se vendent très bien. Ce qui importe n'est pas qu'elles se vendent beaucoup, mais qu'elles constituent une expérience, altérant celui qui lit, regarde ou écoute.

Le vampire est un mort-vivant, certes, mais qui cultive une certaine aristocratie. À défaut d'un cœur qui pulse son propre sang, il sait boire où le suc en est le plus concentré : au creux du papier, derrière l'œil de la caméra, sous le sillon du diamant. Le vampire aime trop l'intensité pour pouvoir supporter le quotidien autrement qu'enivré par l'hospitalité capiteuse des livres, sommeillant le jour domestique et vivant la nuit fictive, se nourrissant aux meilleures gorges d'autres vies que la sienne.

Il y a donc un art des épices et de la subtilité de leur dosage, par lequel on accompagne sans écraser, ouvrant et enrichissant sans entêter. Cet art irise et irrigue, il enrichit le quotidien sans l'écraser de sa supériorité violente. Il permet de vivre plus et mieux, ne creuse pas le désespoir d'un fossé grandissant entre la médiocrité de la vie ordinaire et la grandeur de la fiction. C'est une des dimensions les plus importantes de l'art de vivre : réservoir d'expériences, laboratoire de la sensibilité, pépinière d'idées, héritage de tout ce qui est humain, creuset de toute créativité.

On peut vivre sans, mais la vie est moins belle. On peut ne vivre que là, mais cela coûtera le prix du réel : le vampirisme est un état romantique qui ne devrait pas survivre à l'adolescence – à laquelle il sied merveilleusement.

Pour développer cet art quand on vit sans lui, il faut en trouver le goût, celui de l'effort qui fait ouvrir un livre et accepter l'aridité des premières pages, qui fait commencer une série qu'on nous a recommandée plutôt que de laisser l'algorithme enchaîner les petites vidéos amusantes, qui fait s'allonger sur son lit pour écouter un album. Il faut faire confiance *a priori* : le plaisir viendra plus tard et sera meilleur que celui qui est donné immédiatement, parce qu'on y aura mis de soi. Le lien d'attachement par lequel une série, un livre ou un film se donne à nous vient de lui : il faut simplement lui faire le cadeau de notre présence attentive, le temps qu'il fasse quelques racines.

Pour développer cet art quand on est un vampire, on pourrait commencer par un sevrage assez long, capable de restituer la réalité dans ses droits.

Pourquoi pas une cure de silence ou une retraite zen[1] ? La fadeur de la *genmaï*[2] dans les réfectoires zen déconcerte les palais habitués aux riches plaisirs du sel. En quelques jours pourtant, elle purge et révèle bientôt une saveur modeste, subtile et saine. Elle interrompt l'escalade de l'intensité et de l'hédonisme par le retour aux choses mêmes, à la nudité simple du riz et des légumes.

Less is more, dit la sagesse minimaliste[3]. Sur une telle jachère, une dose même homéopathique suffira pour produire un effet décuplé en intensité et en profondeur. Un accord suffira à nous transpercer, un bon livre à nous faire abandonner une ancienne peau à laquelle nous ignorions nous accrocher, une série à nous donner une nouvelle famille.

---

1. À ceux qui seraient tentés par ce type d'expérience, je recommande de lire, de Kankyo Tannier, *Ma cure de silence* (First Éditions, 2017) ou de lui rendre visite en Alsace chez elle à la ferme Kibo, à côté du monastère Ryumonji.
2. La *genmaï* est le repas traditionnel des monastères zen. C'est une soupe de riz dans laquelle ont mijoté des légumes minutieusement découpés en tout petits morceaux. Si l'on y tient, on peut l'agrémenter de sel au sésame (gomasio) ou de sauce soja.
3. Voir mon premier livre, *Ouvrir l'espace, une philosophie du minimalisme*, autoédition, 2019.

L'art des épices permet de mûrir par-delà la brutalité adolescente, où s'échauffent les désirs de grandeur au détriment de la vie quotidienne. Il est sans violence ni haine contre la vie ordinaire qu'il souligne et approfondit, parfume et anoblit.

6

Du sexe, à la capitale et dans nos campagnes

PEINDRE la chambre me donne l'occasion d'évoquer le sexe.

Celui-ci n'est pas un besoin à combler et rien ne le condamne à rester pris dans les niveaux inférieurs de la conscience, dans l'automatisme, la cécité et la surdité de la pulsion reproductive, qui fait des hommes et des femmes les appendices de leurs gamètes. Rien ne nous condamne à n'être que des robots de chair, pilotés contre nos grés par la vie qui nous traverse. Chez l'humain, le somnambulisme pulsionnel est une défaite. La beauté de l'humanité, c'est sa capacité à prendre conscience.

Le sexe conscient n'est pas le sexe mental, car la conscience n'est pas l'ego. L'ego est la construction mentale que nous sommes, l'ensemble rigide et cassant de nos identifications et de nos automatismes, de nos héritages et de nos personnages.

La conscience, c'est l'éveil du corps à lui-même et de soi à soi. Elle est une lumière faite en soi, qui permet à l'œil attentif d'observer et peut-être de se déprendre des automatismes biologiques et égologiques.

Le corps est une mécanique, mais le corps conscient est une liberté.

L'automatisme fonctionne (ou non), mais la liberté s'exprime.

Le sexe peut être une fonction de l'ego ou une expression de soi, c'est-à-dire un art puissant, qui traverse et connecte toutes les strates de notre existence.

Instrumentalisé par l'ego, il est une fonction dangereuse et volontiers violente, contre soi et contre l'autre. Cela arrive souvent, on le reconnaît ainsi que l'on repère immanquablement l'activité de l'ego : par l'irruption d'enjeux de domination, d'appropriation et d'un désir inextinguible de reconnaissance.

L'ego croît comme un Empire fou, avide de repousser toute limite, d'annexer, de coloniser, de cartographier et de régner. Le corps ne lui suffit plus, et il faut à sa soif de grandeur une nouvelle capitale, plus rutilante. Dans cette capitale nouvelle[1], le dieu adoré est le soleil humain qui réchauffe, nourrit, récompense et punit : la reconnaissance. Aucun ego n'adore un autre dieu.

Dans cette capitale nouvelle, il est de bon ton de mépriser le corps : de le transcender et de le sublimer. On ne saurait demeurer près de l'animalité sans déroger au bon goût et indisposer la subtilité de l'ego. L'humanité s'élève au-dessus de son animalité – comme le campagnard qui arrive à la capitale cherche à s'élever au-dessus de l'origine rustique qui lui fait honte.

1. Ce mot de « capitale » a pour origine le latin *caput* qui signifie « tête ».

Dans cette capitale nouvelle, le sexe est lui-même transcendé : rien d'animal ne subsiste en lui que pour pimenter peut-être, par le plaisir de l'avilissement, quelques ébats ennuyeux. Mais le sexe tout entier y exprime l'ego. Personne ne s'y rencontre, parce que les chambres où se joue cette musique sont tapissées de miroirs. Nous nous regardons dans le choix de l'autre, nous nous estimons en proportion de sa désirabilité, nous nous aimons puisque l'autre nous célèbre et nous haïssons s'il ne réussit pas à jouir. Nous nous faisons image, conforme et lisse, pour attirer celui qui fera de nous son trophée et estimera notre valeur par la certification de son sexe. Nous jouons au jeu de la proie et du prédateur et augmentons notre puissance en obtenant la reddition et l'hommage des plus convoités.

La loi est simple : le sexe espéré augmente notre valeur, le sexe obtenu la diminue.

De détestables religions naissent, qui distribuent la puissance selon les sexes et frappent monnaie de la virginité.

La capitale nouvelle a soif de cette puissance qui se mesure à la soumission des autres et qui pour cela violente, annexe, s'approprie et s'impose.

Il faut quitter la capitale : il faut quitter la tête. Ce qui s'y passe est la folie humaine. Si l'on pouvait, il faudrait n'y être qu'un voyageur de passage, bien obligé de passer par là parfois, mais toujours étranger, les yeux arrondis par l'étonnement.

L'émergence récente de la notion de consentement dans le débat public laisse espérer quelques progrès. Ceux qui s'en moquent désignent eux-mêmes leur égoïsme, leur bêtise, leur violence et leur ignorance. Le consentement n'est pas un tue-l'amour, c'est un tue-l'ego. Prendre soin du consentement de l'autre, de son rythme, des voies qui lui conviennent, de la manière dont sa liberté est prête ou non à s'exprimer, c'est autre chose que jouer à l'écraser, quelle que soit la casuistique par laquelle on justifiera son impérialisme viril.

Il faut quitter la capitale, quitter la tête, et le sexe peut nous apprendre cela. Il nous replonge dans les profondeurs du corps si nous savons laisser la civilisation à la porte de la chambre. Rendre au corps la possibilité de s'exprimer : on fait cela en congédiant l'ego.

Le sexe est la tendresse que la vie a pour les corps où il est impossible et absurde de chercher à distinguer encore entre l'amour et la liberté.

Comme le serpent qui se mord la queue, la matérialité la plus profonde rejoint la plus pure mystique ; le corps devient l'amour même et la conscience expérimente la dimension non mentale de son existence.

La peau, et non la pénétration, est le lieu du sexe. Elle s'éveille par la tendresse ou se tanne et se ferme sous les coups. Elle est notre manière d'exister, d'entrer en contact avec le monde et les autres. Notre nudité est le miroir exact de notre existence égoïque.

L'ego est ce par quoi nous nous construisons. En cela il est nécessaire, mais le travail spirituel consiste pour chacun d'entre nous à rendre les armes. La vulnérabilité est la condition *sine qua non* de la grâce, qui ne s'invite que si l'on s'efface devant elle. La peau est le lieu privilégié de cet enseignement, parce que se dénuder est pour chacun faire l'expérience de sa vulnérabilité. Le courage spirituel, c'est cela.

La liberté du corps se puise à la source, en deçà du mental, là où la vie est la plus nue, la plus vulnérable à la tendresse et la plus belle. Quand sous les doigts de notre amant nous nous ouvrons à cet espace, les ébats sont des courants marins auxquels nous nous abandonnons.

Les gestes sèment sur la terre des corps des semis de plaisir, que nos soins jardiniers font éclore en *asanas*[1] éphémères.

Le rythme est une enquête sans futur, variant les formes de l'éternité.

La technique est une heuristique au service de la puissance sans visage de l'amour.

De cette puissance nous sommes les prêtres nus.

---

1. *Asana* est le mot sanskrit qui désigne les postures dans le yoga.

7

Désirer un enfant

SOUVENT, nous désirons devenir parents.

Voilà encore un bienfait ambivalent de la modernité occidentale : la grossesse n'est généralement plus subie ; elle est devenue le fruit d'une décision, d'une délibération parfois, d'une argumentation, d'une démonstration, d'un consensus ou d'un passage en force. Il n'y aura pas lieu de se plaindre, puisqu'on l'aura voulu. Il n'y aura pas lieu de regretter, puisqu'on aura réfléchi et décidé. Il n'y aura pas lieu d'être déçu, puisqu'on aura désiré. L'accès à la contraception a profondément modifié le vécu psychique post-partum.

Avant de devenir éventuellement réalité, ce désir se diffracte en une infinité d'images, d'anticipations et de rêveries. La grossesse laisse environ neuf mois pour faire une place à cet enfant dans notre vie intérieure.

On aura le temps de réfléchir à sa chambre ou à son coin à lui, on se procurera un berceau, une table à langer et ce tout premier cadre décoratif – un lapin dessiné par Beatrix Potter peut-être.

On aura le temps de réfléchir à l'évolution du couple en famille, mais à ce sujet rien ne se passera comme prévu. La manière dont l'univers fantasmatique de chacun investit l'enfant, la parentalité et la famille ne manquera pas de se fracasser contre le front de marbre de la réalité.

Il n'est pas possible d'éviter ces fantasmes, et ce n'est pas souhaitable non plus, car l'enfant se nourrit de ce désir, et nous y puiserons l'énergie nécessaire pour tenir le choc des premières années.

Observer ses fantasmes se révèle riche d'enseignements, mais on y lira moins le futur de l'enfant que notre passé personnel, une autre version de notre enfance, constituée de ce qu'on a vécu de si près qu'on ne l'avait jamais pensé et qui s'apprête à ressurgir.

On y découvrira, sous les couches du vernis insensibilisant de la normalité, les erreurs éducatives commises à notre encontre et les merveilles dont on n'avait pas su reconnaître la valeur. On y identifiera ce qui a besoin d'être soigné en nous, ce qui réclame réparation parfois, et ce qui brûle d'être transmis et répété.

Si l'on regarde avec assez d'attention, on découvrira peut-être le cœur fantasmatique exact de notre désir d'enfant, l'image rêvée de notre parentalité – dans mon cas, la lecture du soir. Continuer un livre sur quelques semaines, l'un contre l'autre sous la lumière de la lampe de chevet, allongés et emportés, le cœur grand ouvert par l'amitié des héros, ballotés dans les histoires, absents à nous-mêmes après avoir traversé main dans la main le miroir de la fiction.

Revivre ensemble les émotions puissantes qui avaient si profondément tracé leurs sillons dans mon enfance et planté, à perte de vue, le paysage entier de ce que je suis et deviens.

Lire à deux, à trois peut-être. Installer les petits comme dans un terrier confortable, en pyjama, à la lisière de la veille et du sommeil. Lire le texte avec rythme et fluidité, goûter les fruits de la langue, interpréter, un peu seulement, les voix des personnages. Savoir reposer le livre au bon moment, pour que l'histoire pousse ses racines loin dans les profondeurs inconscientes. On n'y pensera pas de la journée, mais à l'instant où l'on reprendra la lecture, le monde fictif se ranimera comme un livre pop-up autour de nous, aussi coloré et réel que si nous n'existions que là.

Les fantasmes, les angoisses et les illusions par lesquels nous nous projetons dans notre parentalité, y compris ceux qui persisteront après la confrontation au réel, ne parlent que de notre enfance et jamais de ce qui se passera. Ils forment un théâtre étrange, ni passé ni futur, sur les planches duquel, encore costumés de notre enfance, nous commençons à travailler notre prochain rôle.

8

Le corps mammifère

PENDANT les premiers mois de l'enfant, nuits et jours sont rythmés par le free-jazz de l'allaitement, si l'on a fait ce choix. Le biberon est une solution moins sauvage – peut-être pas une marche militaire, mais enfin quelque chose de plus prévisible : mesurable, objectif et nutritif.

L'allaitement est un poids extraordinaire en même temps qu'une panacée, un plaisir, une douleur, une histoire d'amour et une épopée du corps. Il nous introduit à la vie de mammifère, au moment où notre corps s'éveille à ses fonctions et accomplit ce mystère que l'on peut sentir, souffrir et aimer.

La rémanence de ce désir d'éprouver son corps et de vivre intégralement son propre genre explique peut-être pourquoi tant de femmes aujourd'hui, alors même que l'accouchement sous péridurale est possible, rêvent tout de même d'accouchement naturel : la modernité nous a délivrées de notre animalité, mais nous sommes quelques-unes à envisager de nous obstiner. La douleur de l'enfantement n'est plus l'inévitable châtiment divin transmis par Ève à ses filles, mais un choix que l'on peut mûrir et embrasser.

Un choix incompréhensible pour beaucoup – hommes et femmes. Nous sommes les enfants ingrates de la modernité, nous reprochent les médecins qui ne comprennent pas pourquoi nous refusons le progrès, sinon par bêtise judéo-chrétienne.

Il faut plutôt nous voir animales et libres, héritières, surtout, du savoir maïeutique expérimenté et transmis depuis la nuit des temps et que nous voulons revendiquer, quand bien même d'obligeants médecins pourraient nous en décharger.

Nous pouvons maintenant vouloir la douleur plutôt que l'anesthésie ! Nous pouvons chercher à reconquérir cette épiphanie de la puissance et de la vulnérabilité féminines, que la médecine a reléguées au rang des obscurantismes dont elle se charge avec une bienveillance toute coloniale de nous délivrer. Cette douleur est une expérience initiatique, un guide et une puissance qui s'enroule au centre de notre ventre, pas seulement un inconvénient à faire taire.

La grossesse, l'accouchement et leur prolongement dans l'allaitement font de nous des mammifères. On oublie si facilement notre animalité ; ces moments sont précieux, qui nous y plongent entièrement.

Celles qui ne veulent pas du tout allaiter, souvent, refusent d'être transformées en « vaches à lait ». Le biberon leur permet de maintenir à distance cette animalité, de réserver leur poitrine à la séduction et de retrouver la liberté d'aller et venir, sans être rivées à leur sexe.

Il est frappant de considérer combien les diverses partitions de l'animalité en nous ne sont pas traitées à la même enseigne. Il est bien vu de savoir s'abandonner à une certaine bestialité et de laisser parler les corps pendant le sexe, mais on se demande bien pourquoi les femmes voudraient souffrir et accoucher sans anesthésie. L'allaitement au sein est quant à lui célébré (les gens ont toujours aux lèvres un sourire de satisfaction quand on leur confirme que oui, « on le nourrit »), pour peu qu'il ne dure pas trop longtemps (et pourvu qu'il se cache), en raison de la proximité inavouable entre allaitement et sexualité, de l'héritage freudien et de la peur patriarcale d'efféminer des garçons qu'on maternerait trop longtemps. Il faut que se distancient aussi vite que possible les corps de la mère et de l'enfant. Il faut dormir séparément, mettre à la crèche un enfant capable d'autonomie, retourner travailler, perdre son ventre de grossesse et porter de nouveau des dessous sexy. Il faut effacer aussi vite que possible le mammifère et redevenir une femme.

Faire l'amour, accoucher, allaiter, trois moments de la sexualité. Trois moments de la femelle qui se continuent l'un dans l'autre. Trois expériences du corps et de l'amour, d'une vie animale que l'humanité peut enrichir et développer jusqu'à la mystique. L'humanité n'est pas dans le reniement de l'animal que je suis, mais dans son expression la plus consciente.

Personne ne s'étonne que le sexe ne se réduise pas chez l'humain à la mécanique du coït, mais se raffine dans une variété créatrice et ludique de pratiques et d'expressions. On ne peut réduire ni le sexe au coït, ni l'accouchement à une section du cordon ombilical, ni l'allaitement à la nutrition. Ils sont tout cela, mais pour nous autres mammifères humains, c'est la manière dont ils se transcendent qui importe. Pour la femelle qui dispose sans doute le mieux de la conscience et de la liberté, pour la femme donc, c'est le champ laissé libre à l'expression du corps qui importe, l'épreuve de ses puissances, de son mystère et surtout de l'amour, qui se dévoile ici plus nu que jamais.

Allaiter fait souvent mal, au début. Il faut une certaine obstination. Pourquoi souffrir quand on pourrait faire autrement ? Pourquoi s'aliéner quand on pourrait déléguer au père ou à qui est là et partager la tâche de l'alimentation ?

Parce que la souffrance n'a pas vraiment d'importance, eu égard à ce dont il s'agit, étant seulement le corps qui se fait, la fonction qui se déverrouille. Parce qu'elle est bientôt remplacée par une poésie des corps, des gestes et des positions, des sensations, des regards et des baisers.

Il y a un peu de tout cela avec le biberon, mais il y a aussi un objet tiers, et puis ce sont les mesures qui me gênent : celles du lait en poudre, du temps de chauffe, de la fréquence des prises, des quantités bues, du délai avant que le lait abandonné devienne impropre à la consommation... Il y a le matériel et son lavage, les stocks à maintenir, les mesures de lait à compter dans les Tupperware avant de sortir. Plus grave, il y a les nuits interrompues par la lumière de la cuisine et le bip du chauffe-biberon, quand il n'y aurait besoin de s'éveiller que pour mettre l'enfant au sein et se rendormir d'un même cœur.

J'aime mieux être mammifère, sous le baiser vorace de cette petite bouche pour laquelle le lait est la chose la plus sérieuse au monde. J'y cueille les sourires sans adresse quand elle finit par lâcher prise. Je joue avec ces petites mains qui apprennent à toucher, j'embrasse ce minuscule nez fouisseur et plonge dans le bleu ardoise de ces regards amoureux qui me dévisagent par en dessous.

9

Yoga maternel

Je ne connais pas de parents qui n'y aient laissé leur peau, abandonnant leur mue derrière eux, fragiles, déséquilibrés, éventrés d'amour et prodigieusement vulnérables.

Il faut trouver de nouvelles façons de se tenir, de nouveaux équilibres et de nouvelles forces : un nouveau *style*, formé par le contact de cet enfant contre l'étoffe du quotidien et le palimpseste singulier de nos douleurs et résiliences.

Le lieu où se noue ce contact, notre parentalité, peut prendre toutes les formes. Celles-ci ne sont pas particulièrement faciles à habiter ni toujours agréables.

Là comme partout et toujours, il s'agit d'équilibre, de fermeté et de souplesse. De connaître qu'on ne tient jamais par la force, mais par la grâce renouvelée de la posture qui nous convient ce jour, qui éclot au confluent de l'ensemble de nos déterminismes et de nos ressources. Ce n'est jamais exactement la posture d'hier et l'on ne peut anticiper celle de demain. C'est très bien ainsi, car la leçon du présent est la seule qui compte. Chaque jour dessine un *asana* singulier et le jeu de la vie consiste à l'explorer.

Toutes les postures ne sont pas confortables, mais c'est tout de même le confort qu'il faut chercher, qui peut orienter les efforts et constitue le nord de la journée.

C'est vers le bas que je le cherche, là où, comme l'eau, on coule naturellement, où l'action a le moins besoin de forcer le monde. Là où je plie plutôt que je ne cherche à faire plier. Là où il n'y a pas de victoires ni de défaites, parce qu'il n'y a pas de batailles ni de guerre, seulement la paix.

Je n'y parviens pas si souvent, mais je m'efforce d'apprendre.

Ce n'est pas de la paresse, comme le croient ceux qui n'estiment rien qui n'ait été gagné par la force du muscle, mais toujours cette forme inverse de l'action qui résorbe la volonté dans l'adaptation souple au présent.

Prendre soin d'un enfant, c'est chercher la posture qui lui permet de prendre la sienne, s'équilibrer à deux, réapprendre toutes les leçons depuis l'origine et reprendre tous les efforts de zéro. C'est renoncer d'un seul coup, pour toujours, à tout ce qui s'était figé en nous, devenu notre fonctionnement, et qui n'est jamais que l'équilibre par lequel se contrebalancent nos dysfonctionnements.

Un enfant est un éléphant pour la porcelaine de nos névroses.

Il existe une disposition du corps et du cœur qui favorise l'entrée dans la posture, sans laquelle au contraire tout accroche, alourdit ou casse. La tendresse est cette souplesse de la maternité qui atténue l'imperméabilisation naturelle de la subjectivité et rend possible le yoga maternel. C'est elle qui permet aux pleurs du bébé de nous traverser plutôt que de nous battre comme une grêle. C'est une douceur du cœur, une transparence qui accueille tout et rend invincible, puisqu'il n'y a rien à vaincre, ni aucune bataille, ni aucun triomphe.

La tendresse assouplit les gestes. Incapable de pugnacité, elle ne désamorce pas les difficultés, mais elle en rend l'émergence moins inévitable et l'expérience plus tranquille. Ce n'est pas une qualité de certaines actions, c'est plutôt une disposition de nos gestes, une tonalité du corps au contact d'un autre. Elle peut être naturelle, mais elle est difficile pour ceux dont la subjectivité est la plus fortement établie, ferme et rigide. Elle demande à l'opacité naturelle du sujet – qu'on appelle égoïsme – de se renier, et cette trahison est coûteuse si la personnalité est solide, c'est-à-dire fragile. Inversement, l'effacement qu'elle constitue permet à toute la lumière de la vie de nous traverser, comme un soleil de printemps traverse une vitre.

La tendresse est l'antidote de l'égoïsme, qui permet de tenir la posture parentale sans effort. Elle s'enracine dans les soins et mûrit au bout des doigts, ne différencie pas le corps du cœur, le mien du tien. Elle ne tient aucun compte et n'a que faire de la justice : elle est oublieuse et libre comme une source. On la connaît quand on la perd, car tant qu'on la vit il n'y a pas en elle de recul qui permette de l'observer.

On sait qu'on l'a perdue quand la subjectivité, opaque, se révolte et refuse. Quand elle appelle à l'aide l'avenir et prend à témoin le passé. Quand la journée est une suite de coups qui ne traversent rien mais meurtrissent la peau, quand les dents sont serrées et les gestes douloureux. On l'a perdue quand la posture est intenable ou qu'elle ne tient que par le mensonge de la force.

La tendresse se cultive, mais on ne récolte ses fruits qu'en oubliant de les cueillir. Ils tombent naturellement quand ils sont mûrs et c'est là seulement qu'on les goûtera, débarrassés de toute recherche de profit personnel. *Mushotoku*[1], disent les bouddhistes zen.

Elle se cultive par la destitution du règne du jugement, le renversement de l'impérialisme de la norme, la surdité aux injonctions et le rétablissement dans ses droits légitimes de la confiance donnée à l'ici et maintenant. Ici et maintenant, nous disposons de l'exacte quantité de ressources permettant de tout embrasser, et il n'y a jamais rien d'autre à faire qu'à ouvrir grands les bras. Si cette certitude vacille, soufflée par les pensées vénéneuses du dualisme, de l'opposition de la volonté et du monde, alors l'ego étouffe de son ombre la jeune pousse de la tendresse, et lui substitue l'implacable mortification du devoir et la chape de la responsabilité.

On peut s'occuper d'un enfant par devoir et faire de sa vie un martyre. Il faudra avoir les reins assez solides pour ne pas casser sous un tel poids, et le foie aussi résilient que celui d'un enfant pour digérer la bile empoisonnée du ressentiment.

Je préfère étudier chaque jour le nouvel *asana* que me propose la maternité, car il assouplit toujours où il faut, muscle avec précision ce qui doit l'être et oblige, si on veut l'habiter vraiment, à cet équilibre exact du

1. « *Mushotoku*, c'est l'esprit qui ne cherche pas à obtenir, qui ne s'attache à aucun profit ni résultat » (Taisen Deshimaru).

moi et du monde, du corps et de la gravité, jamais au combat de l'un contre l'autre.

La tendresse permet de prendre la posture, et quand celle-ci est juste, alors c'est dans le sourire des enfants qu'elle fleurit.

10

Les *asanas* sombres

LE YOGA enseigne à incorporer la nature mouvante de la réalité, que rien ne fige jamais. *Pánta rheî*[1].

En ce qui concerne la toute petite enfance, se rappeler : « C'est une phase. »

Définirait-on mieux la phase comme « ce qui dure » ou bien comme « ce qui ne dure pas » ? On sait que ça ne durera pas, mais la phase est ce qui, maintenant, dure.

Les phases sont difficiles à négocier, comme les nouvelles postures en yoga.

C'est pourtant ce qui est le plus excitant, en cours : découvrir une nouvelle posture. Apprécier mentalement l'effet qu'elle aura sur soi, visualiser les étirements, les équilibres, se lancer et découvrir soi-même « ce que peut le corps » : passer des hypothèses de la visualisation à l'expérience de la jubilation. De nouvelles douleurs apparaissent, auxquelles on ne s'attendait pas et dont on ne soupçonnait pas la saveur. Des épreuves ineffables, sans hostilité, questionnent des muscles habituellement

1. « Tout coule », disait Héraclite à propos de cette réalité qui est un devenir, fluent et créatif.

muets et effacés, des torsions libératrices éveillent ou concentrent les organes et les articulations un peu bourgeoisement établis.

Les premières heures d'une nouvelle phase ne sont travaillées d'aucune réflexivité ni éclairées d'aucune anticipation, fût-elle approximative : on subit. Comme le temps passe et que les choses se répètent, on commence à apprendre et l'on s'applique à perfectionner l'accueil de ce qui est là. Douleurs, déséquilibres, résistances et rigidités : on détend tout ce qu'on peut et on verrouille les *bandhas*[1] qui permettront de tenir.

Les enjeux existentiels sont toujours un peu les mêmes, c'est pourquoi la pratique du yoga fait tache d'huile et s'étend du cours à la vie, de l'*asana* à la phase, du corps à l'esprit. Il y a souffrance quand il y a hostilité : si ce qui arrive est refusé et traité comme un fait ennemi. De là l'attitude résolue, volontaire et, au fond, martiale. De là les batailles, l'exacerbation de la souffrance, la radicalisation mentale, l'épuisement énergétique propre à la guerre, sans parler de la nuit spirituelle qui tombe.

La phase est un nouvel *asana* proposé par la vie. L'arrivée d'un bébé est une mine à ce titre, qui permet de comprendre, peut-être, l'ambivalence maternelle. L'amour du bébé relève-t-il d'un syndrome de Stockholm comploté par l'évolution naturelle, l'entremise des hormones et la pression sociale ? C'est ce que je pense quand Mars se lève, quand je me demande bien ce que je cherchais, quand je soupçonne l'origine de mes

---

1. En sanskrit, *bandha* signifie « retenir », « resserrer », « verrouiller ». Engager un *bandha*, c'est verrouiller consciemment une zone corporelle pour y concentrer l'énergie qui permettra de prendre et de tenir la posture sans forcer ni risquer la blessure.

motivations et regrette l'abondance de mon temps, l'ennui, la possibilité de lire, d'écrire, d'être simplement assise et tout le reste – la légèreté et les voyages surtout.

Peut-être voulais-je seulement découvrir de nouveaux *asanas*, comme il arrive quand ceux qu'on pratique sont devenus confortables et insensibles. On perd le yoga quand notre pratique est devenue confortable, pas seulement quand elle est une guerre. J'imagine que je voulais vivre davantage.

La phase oblige à l'inconfort et force à la passivité – dans les premiers temps, il n'y a qu'à endurer. Après quelque temps, des clés apparaîtront, à condition que l'on sache observer et enquêter en scientifique, distinguant les conséquences et les corrélations, les hypothèses et les interprétations. Les théories, idéalement, seront souples et patientes comme nos gestes seront tendres.

Parfois ça ne marche pas et c'est la nuit obscure[1]. Peut-être reconnaît-on à cela les phases importantes, transformatrices. Je perds la foi. Je me tends et je force, je ravale, je feins et je ne trompe personne. Mes gestes mentent et le temps aussi, qui dit « toujours » et « jamais plus ».

La posture peut sembler réussie, mais elle n'est pas juste. Ces *impostures* aussi font tache d'huile.

Dans la nuit obscure, les instincts n'ont plus cours et tout est guerre intestine. Le monde durcit, les heures ne passent qu'avec animosité. Je ne sais plus comment

---

1. Chez saint Jean de la Croix, la « nuit obscure » est un moment aride de la vie spirituelle, une phase de souffrance et de doute que l'âme traverse, pendant laquelle toute lumière divine est perdue, et qui précède les retrouvailles et les noces mystiques de l'âme avec la grâce divine.

lâcher ni à qui me rendre. Les *asanas* tordus de ces nuits sans lune sont bien les miens : j'y reconnais chaque douleur, où danse le cortège macabre des sorcières, des fantômes et de tous les squelettes de placard que je croyais pouvoir semer.

Il y a des signes. Je ne cuisine pas : je mange. Simplement, mais sans imagination. Je range trop. J'aimerais m'appartenir et je dois me forcer au partage. Je rêve à ce que j'aimerais faire à la place de ce que je fais. Je me lève en pensant que le soir est loin et je me couche comme l'avare aime sa cassette. Plus tôt tombe la nuit, mieux c'est.

Le chemin qui perce les ténèbres, je le connais. C'est la peau. Sa tiédeur, sa douceur, son odeur. C'est là qu'on soigne l'existence, des lèvres et du bout des doigts. Encore faut-il que le tact soit sincère. Si c'est le cas, les roses naissent bientôt dans le désert.

11

Orages amers

LA VIE intérieure forme un milieu propice à l'accumulation des non-dits et à la fermentation du ressentiment, dont voici la définition que propose Max Scheler :

> L'expérience et la rumination d'une certaine réaction affective dirigée contre un autre, qui donnent à ce sentiment de gagner en profondeur et de pénétrer peu à peu au cœur même de la personne, tout en abandonnant le terrain de l'expression et de l'activité[1].

Chaque jour offre son lot d'occasions d'identifier cet affect et, moins que la raison, c'est la sensibilité du goût qui permet cela, le ressentiment se reconnaissant à son amertume, qui s'intensifie à mesure qu'on le remâche.

Puissions-nous apprendre cette chirurgie cardiaque consistant à poser un drain salutaire qui évite à celui qu'on aime de s'intoxiquer plus longtemps sans le comprendre ! Elle se pratique par une disponibilité bienveillante, qui permet au prisonnier du ressentiment

---

1. Max Scheler, *L'Homme du ressentiment*, Gallimard, « Idées », 1970 (1re éd. 1919).

de mûrir le courage de s'ouvrir lui-même en parlant à cœur ouvert.

Pendant les phases sombres de la vie intérieure, découvertes par le silence et l'obscurité, enhardies par leur capacité nocturne à tromper la vigilance de la conscience qui les tient habituellement à distance, de sombres pensées s'accumulent nuit après nuit, se chargent électriquement en se frottant entre elles et menacent comme des orages.

Si l'on échoue à retrouver le sommeil, on est parfois emporté là où certaines pensées gagnent en densité et se condensent en mots, en phrases ou, pire encore, en analyses, en formules, en conclusions. En accusations.

La nuit rend vulnérable, qui fait de nous la proie de ce que le jour tient en lisière. Les insomnies découvrent, à la faveur du reflux des réflexes de protection, le cloaque des pensées dangereuses que la lumière et l'activité préfèrent ignorer et laissent faisander. La raison désorientée par l'obscurité coud ensemble les douleurs et les avortons de pensées. Ses rondes obstinées de Frankenstein somnambule bercent le monstre muet et pathétique de ce qu'on ne sait pas dire.

Ces pensées ne se dissipent jamais, ainsi qu'on voudrait le croire, avec le temps qui passe. Elles deviennent plus lourdes et plus sombres, moins justes aussi, puisqu'elles ne bénéficient pas de la lumière du dialogue qui ferait tomber la pression en même temps que la pluie. Elles se chargent au contraire d'une énergie contenue et violente, alors que les jours, les semaines et les mois passent sans que soit trouvée aucune occasion de parler.

Être patient et endurant n'est pas toujours souhaitable.

Il y aurait à faire le deuil de la bonne occasion, de la conversation qui naturellement s'orienterait sur ces orages en instance et leur permettrait de s'exprimer avec ordre, maturité et justesse. C'est toujours une surréaction qui prend le dessus et force les choses, comme une étincelle rencontre une lourde nappe de gaz.

Il est toujours possible, aux premiers stades, de reculer. Cela demande un immense travail de dissimulation et de déni, qui achète à un prix psychologique exorbitant une paix fausse et précaire. Parfois, on est lâche jusqu'à payer.

Que risque-t-on pourtant de plus terrifiant que la putréfaction des non-dits, dont les relents s'exhalent dans chaque geste ?

C'est au grand soleil des mots dits qu'on lessive les moisissures du ressentiment, tout comme c'est le jour qu'on soigne les nuits.

12

L'école de l'abandon

Il faut apprendre à dormir : c'est une des premières leçons que les bébés enseignent à leurs parents, avec toute la cruauté de leur âge insoucieux.

Il ne suffit pas que le besoin soit impérieux ni même, plus tard, que la volonté s'y détermine ; le sommeil se fait d'autant plus prier qu'on exige qu'il nous prenne. Il faut apprendre l'endormissement, à lâcher plutôt qu'à prendre, à résorber la volonté et à s'offrir au ravissement, une fois par jour au moins.

Certains n'apprennent jamais la leçon, livrent bataille chaque nuit, tiennent le fort et veillent comme si leur honneur en dépendait. La défaite serait de se rendre avant d'y être contraint et il s'agit de s'assurer qu'on ne se couche pas autrement qu'en s'écroulant !

On aime mal le sommeil. La condamnation de l'oisiveté ne pouvait que s'étendre jusqu'à lui et le prendre en tenailles. Le voilà méprisé d'un côté par le noctambule qui croit devoir choisir entre vivre et dormir, et asservi de l'autre à l'efficacité par la secte entrepreneuriale, « rebrandé » en *power nap*[1] ou encadré des routines du

1. La *power nap*, dans le monde merveilleux du management et de l'entreprise, désigne les courtes siestes qui permettent au salarié de

matin et du soir permettant d'en exploiter le maximum de potentiel, d'en dégager le plus de bénéfices en atteignant le meilleur ratio sommeil/productivité.

« Pourquoi dormir quand on peut vivre ? » demandent d'une même voix les endurcis de la veille. Cette mauvaise question n'est jamais posée que par des demi-habiles, qui présupposent que le sommeil vaut moins que la veille et qui soupirent contre la multitude des aliénations auxquelles les soumet la machinerie du corps. « On dormira quand on sera mort ! » Avant, cela relèverait du gaspillage, du crime contre la brièveté de l'existence. Sur le champ de bataille de la vie, dormir c'est trahir et consacrer la revanche de la nature sur la culture, de la mort sur la vie, du néant sur l'être.

On peut comprendre : quand notre journée nous est volée, laisser sa place au sommeil, c'est renoncer à soi.

On peut se méprendre : il s'agit non pas de faire d'Oblomov[1] notre saint patron, mais plutôt de ne jamais mésestimer notre temps, fût-il rendu insensible par la nuit.

On peut refuser d'apprendre : ce n'est pas intéressant ni utile, et au bout du compte on tombera inanimé quand on n'en pourra plus. On peut brutaliser le sommeil, le méconnaître et le mépriser, à la façon dont on brutalise, méconnaît et méprise nos fonctions

---

récupérer en une vingtaine de minutes environ l'énergie nécessaire pour tenir un rythme de travail le plus productif et efficace possible l'après-midi. Dans la langue managériale qui emprunte volontiers à l'anglais, « rebrander », c'est redéfinir l'image d'une ancienne marque pour la rendre plus attractive et lui donner une apparence innovante.

1. Ilya Ilitch Oblomov, héros éponyme du roman d'Ivan Gontcharov (1905), est un personnage incapable de décision autant que d'action, prisonnier des charmes indolents du divan dans lequel il finira par mourir, comme il aura vécu.

biologiques, ces faiblesses animales auxquelles la science remédiera un jour, qui sait...

Le sommeil est une école, pourtant, qui éduque toutes les dimensions de notre existence : corps, cœur, esprit, humanité.

Corps. C'est au creux de l'*expir* qu'on s'endort. Il y a plusieurs manières d'entrer dans le sommeil ; mais comme dans tous les *asanas*, l'important est de soigner l'entrée dans la posture, sinon elle se fausse et génère des douleurs. On ne devrait pas forcer. On calme seulement la respiration et cela suffira à appeler le sommeil, quand on s'y sera habitué. On allonge le souffle et on abaisse doucement le lieu de la respiration vers le ventre. *Savasana*[1].

Cœur. L'abandon plutôt que la volonté. Éteindre l'ardeur diurne et laisser fumer l'encens de ses braises.

Esprit. Fondre au noir l'activité cérébrale et la polyphonie baroque des pensées peut être difficile. Retour au corps : on oublie souvent que c'est l'activité digestive qu'il convient d'alléger si l'on veut se faciliter la tâche sur ce point.

Humanité. Le sommeil est un exercice spirituel qui enseigne la douceur de la paix, dont il étend l'empire en nous par une diplomatie circadienne.

La guerre refuse, oppose et brutalise. La paix intègre et déploie. Notre vie quotidienne est souvent une *Iliade*, toute de lignes de front, de batailles, de vainqueurs et de vaincus, de mutineries du corps, de coups d'État affectifs, de chaos et de corruption de la démocratie

---

1. *Savasana* (sanskrit), la posture du cadavre, est en yoga la posture de relaxation par laquelle souvent on termine le cours. Fin du cours, fin de la journée, fin de la vie : c'est une posture terminale, qui absorbe et résorbe.

rationnelle, mais nous pouvons travailler à écrire un poème de la paix.

Les musulmans, souvent, corrigent : on se méprend sur le djihad. Il y a le petit djihad (la guerre contre les infidèles) et le grand djihad : la guerre contre soi, qui est sainte. D'autres disent « carême », « mortification », « ascétisme ».

On situe classiquement – depuis Platon au moins – l'origine de la guerre dans le corps, cette animalité rétive, égoïste et irrationnelle qu'il faut domestiquer, éduquer ou purifier. La sensibilité, les émotions, la voix du corps : féminines et dangereuses. La raison : patriarche légitime, voué à faire régner l'ordre et à dominer le corps, avec sagesse et sévérité, assisté par le contremaître bodybuildé de la volonté.

Je préfère explorer mon hypothèse : le corps est le site naturel de cette grande paix qui est la mère de toutes les autres. Il n'est pas « le tombeau de l'âme » platonicien, plutôt son jardin. Il n'a pas à être éduqué, car c'est à lui de faire notre éducation.

La première chose qu'apprend et enseigne le corps, c'est le rythme – en un sens, il n'est pas autre chose que cet entrelacs syncopé des fonctions et la danse de leur répétition. On veille et on dort, on mange et on digère, on inspire et on expire, on contemple et on agit. Le métabolisme est le grand rythme, et la grande loi est circadienne.

Ce n'est pas une cadence qui règle le corps, mais bien un rythme, qui accélère et décélère selon l'humeur, l'activité, la course du soleil et la saison. La cadence norme, rationalise et mesure, étrangère à toute vie. Le rythme, au contraire, souple et vaste, évolue constamment dans sa répétition même. Il est au temps ce que le milieu est à l'espace : ce qui soutient et voit naître la vie, son lieu d'expression.

Or, c'est dans la terre invisible du sommeil que le rythme s'enracine, et son inconscience se révèle autrement plus estimable que l'opinion superficielle ne le soupçonne. On néglige le sommeil quand on valorise unilatéralement la lumière de la conscience, qui permet l'action. On y voit une limite biologique que l'on serait tenté de comparer à l'efficacité infatigable des machines, auxquelles on concéderait le point. La sensibilité à la fuite du temps ajoutant à la confusion, on en vient à trouver le sommeil tragique et à l'assimiler à la mort.

Hypothèse, donc : le sommeil est la grande paix du corps et, puisque la magnificence est l'art d'utiliser les richesses, sa prodigalité est magnifique. Le sommeil est un terroir : la sédimentation hivernale de tous nos cycles, l'humus qui se crée chaque nuit à partir des feuilles mortes de nos actions, des déchets de nos pensées, de la décomposition de nos paroles. La nuit est un havre, ou peut-être un port. C'est la terre où retourne la poussière de nos actes, où ce que nous sommes se fond et se trempe.

Pourquoi ignorons-nous cet enracinement, et comment pouvons-nous nous croire distincts de notre sol ? Par quel malentendu effroyable rêvons-nous de nous en émanciper, comme la colombe kantienne qui songe qu'elle volerait bien mieux sans la résistance de l'air ? Il n'y a pas de différence entre la terre et la vie – on parle en biologie de chimie du carbone : la terre, c'est le vivant qui sommeille, retourné à l'état potentiel, disponible et ouvert.

La *supériorité* des hommes sur les machines, c'est leur sommeil. Son rythme fonde tous les autres, décompose, absorbe et résout chaque journée. Dans sa terre dorment les possibles, germent les habitudes et chaque nuit sa richesse augmente.

Cet humus vivant qu'est notre sommeil constitue la terre où s'enracine tout ce qui pousse : ce à quoi nous passons nos journées. De sa richesse dépend la bonne santé et l'imprévisibilité caractéristique de la vie diurne. Sur la paix qui composte chaque nuit à partir des déchets du jour, la vie consciente s'élabore naturellement.

13

L'éthique oasite

Le rythme est juste quand il nous laisse ouverts et disponibles. Cette tonalité a quelque chose de magique, de l'ordre de la corne d'abondance ou de la poule aux œufs d'or : on la tuerait en voulant la maîtriser et l'exploiter.

Bien sûr il faut fonctionner, agir, recommencer toujours le ménage et les soins, anticiper, souvent, accélérer et forcer. Tout va bien pourtant, tant que l'on retourne toujours par défaut à cette fréquence particulière, qui autorise à tout laisser dans l'instant pour se donner à ce qui surgit et qui parle. Il faudrait savoir lâcher et reprendre, plutôt que s'obstiner à terminer. Laisser la place à l'inattendu et à l'improvisation, faire au présent la charité de notre attention, cultiver une forme de foi : le meilleur n'est pas toujours d'accomplir ce qu'on avait décidé ou planifié, accueillir les propositions du jour est souvent plus gratifiant.

À ce titre, le gérondif *agenda* – « ce qui doit être fait » – constitue le champ de bataille sur lequel on pratique la diplomatie. Sa rationalité pragmatique et ses cases étanches, l'uniformité abstraite du temps qu'il mesure, sa servilité à l'égard de l'action, sa sensibilité capitaliste et la plasticité intéressée qu'il sait concéder aux nécessités du développement personnel (on case assez bien un cours de yoga pendant la pause méridienne, apparemment) font de lui le sol hostile et désertique où s'épuise la vie ordinaire. Rien ne pousse dans aucun interstice de cette guerre reliée cuir pleine fleur, mais c'est un terrain propice à l'édification d'une vie hors-sol et moderne, une cité de béton dans le désert.

Ce Dubaï domestique orchestre le quadrille hebdomadaire de l'année scolaire depuis la porte du réfrigérateur sur laquelle il est placardé en septembre, entouré des magnets rapportés de vacances qui tentent de noyer le poisson.

Il faudra bien négocier, car on ne gagnera jamais en affrontant directement l'émir de Dubaï, mais on endormira son ardeur belliqueuse en se ridiculisant au combat. On ne gagnera jamais, car on n'arrivera pas à tout mener de front – travail efficace, maison entretenue, cuisine fraîche et de saison, soins aux enfants et moments joyeux partagés avec eux, temps pour le couple, temps pour soi, pour faire du sport ou aller chez le coiffeur et, cerise sur le gâteau domestique, Graal inatteignable : temps « perdu » à ne rien faire, boire le thé en rêvant par la fenêtre peut-être. On ne gagnera pas cette bataille, mais on peut apprendre à la perdre.

On peut s'efforcer de faire moins plutôt que plus. On peut désapprendre le désir de mériter les médailles qui récompensent l'activité dans ces contrées désertiques, dédaigner en particulier le mirage de la perfection domestique et le chœur imbécile de la carrière. Le succès des « routines » d'influenceurs ou des coachs en développement personnel qui affolent les algorithmes des réseaux sociaux relève d'un tel mirage, dont la cité du désert et l'émir profitent au plus haut point. Ces fantasmes du quotidien et de l'habituel entretiennent la croyance en une perfection bodybuildée de l'ordinaire, issue d'un triomphe quotidien sur la paresse et le manque de volonté.

Mais une *morning routine* d'entrepreneur à succès, c'est un écrasement quotidien du présent par les bottes de la volonté dubaïote. C'est une forme raffinée de la propagande de l'émirat, qui nie le réel en produisant un fantasme à la hauteur duquel on ne se hissera jamais. La *morning routine* est une des fables par lesquelles l'émirat gagne la bataille du désir, misant sur le sentiment d'imperfection et sur l'attraction de cet ultime *lifegoal* – puisque la vie elle-même est devenue une *to do list*. Ce n'est pas une érotisation de l'ordinaire, c'est du *snuff porn* capitaliste.

On peut rêver de quitter l'émirat – certains le font. On peut aussi continuer d'y vivre en s'y créant une oasis.

L'éthique oasite est simple et subversive : une chose à la fois. À cette condition, rien ne pourra être soustrait à la sagesse du corps. Nos vies inattentives, données à mille gestes et pensées en même temps, sont la source du brouillard de pollution si caractéristique de l'émirat. Les raisons de faire plusieurs choses à la fois sont évidentes : on cherche à gagner la bataille du temps, à tricher un peu au Tetris quotidien de l'imbrication des tâches et à augmenter le niveau de stimulation d'activités trop fades. Gagner à ce jeu et s'élever dans la bourgeoisie dubaïote se paie d'une insensibilisation bientôt chronique à soi et à la fuite du temps.

Faire les choses une par une permet d'apprendre à discerner ce qui doit être fait et ce qui peut ne pas l'être. Faire ici très attentivement la part des choses, distinguant l'injonction sexiste, la névrose familiale et la bonne foi de la réalité.

Quant à ce à quoi on ne peut se soustraire, il n'y a qu'à acquiescer sans discuter ni nourrir aucune pensée à son propos, mais en s'enfonçant dans l'observation des sensations. À partir de cette boussole empirique, déterminer et élaguer ce qui étouffe, encombre, intoxique, et soigner ce qui ressource, si petit ou si grand soit-il. C'est cela, l'école horticole. Nous n'aurons jamais fini de réarranger les massifs au fil des ans, nous abandonnerons quelques cultures trop exotiques et en découvrirons d'autres, parfaitement adaptées à notre terroir. Nous nous enchanterons de ce qui pousse tout seul et nous cesserons peut-être de croire aux mauvaises herbes.

Dans notre oasis, ramenés par la boussole de la sensibilité à la souveraineté du présent, plutôt que soumis à l'émir, nous pouvons cesser de nourrir ce qui nous dévore – y décrypter l'injonction sous le masque du devoir, laisser celui-ci se dessécher et mourir. Nous pouvons nous occuper de ce qui ressource et qui croît facilement, même si cela nous fait du bien alors que notre sensibilité éduquée au sacrifice rechigne à ce que nous nous l'autorisions.

Il y a certes *des choses à faire*, mais une large partie de ce que nous rangeons sous cette catégorie est constituée de fantômes auxquels nous ne devons, en réalité, rien.

14

Shibari

UN TOIT abrite toujours des fantômes, parmi lesquels nous infusons.

Habiter, hanter : il y a un air de famille.

Il y a les fantômes à proprement parler, et la manière dont nous nous hantons aussi nous-mêmes dans le lieu que nous habitons.

Les premiers nous appartiennent moins qu'à notre famille. Ceux de notre lignée, attachés là pour des raisons qui leur appartiennent – les non-nés qui voulaient vivre, les trépassés qui ne savent pas qu'ils sont morts. Ces fantômes cherchent tous à dire, à exprimer ce qui doit exister, être reconnus. Ils s'attachent aux vivants en dessinant, à la faveur de loyautés souterraines, un contre-arbre généalogique sur l'envers des photos de famille.

Hantés, nous éprouvons leurs sentiments qui ne nous appartiennent pas. Ils se servent de notre chair pour sentir et ressentir, mais ils ont leurs propres désirs et leurs propres peurs, lambeaux aliénés et illisibles.

Habiter sa maison, c'est aussi se hanter soi-même, ce qui arrive quand on s'installe durablement : le cyanotype de notre existence s'imprime partout autour de nous. Fantômes, nos anciennes peaux et les résidus d'émotions violentes ; fantômes encore, nos masques remisés et les déguisements de nos rôles au fond des penderies du temps.

Au grenier, ce que nous ne sommes plus, mais que nous ne pouvons jeter. Ce que nous voulons transmettre et qui encombre, destiné à être redécouvert, hypothétiquement aimé de nouveau. Notre enfance, principalement : livres chéris maltraités, peluches trouées au rembourrage famélique, caisses de Lego collants et crasseux de goûters depuis longtemps engloutis. Des journaux intimes, des souvenirs de sorties scolaires et de vacances – car nous imprimions les photos de nos appareils jetables. Dans l'obscurité immobile du grenier, dans le ventre des cartons demeure le purgatoire de ce que nous avons cessé d'aimer.

Peut-être quelque petit garçon ou quelque petite fille viendront-ils un jour, qui aimeront ces reliques comme nous les avons aimées : dans cette espérance, notre enfance fantôme patiente au grenier de la maison de famille.

Ce désir de transmission est sans espoir. Les enfants n'aiment pas nos vieilleries, ils les trouvent vaguement répugnantes. Leur intérêt poli, un peu factice, est ce que nous pouvons espérer de mieux.

Parfois, les parents gardent les fantômes de leurs enfants devenus grands sous la forme de dessins décolorés et cassants, de travaux de maternelle ou d'artisanat puéril. Par loyauté envers l'enfant qu'ils ont aimé, ils les conservent pieusement, peut-être dans le projet de montrer un jour au futur adulte ce témoignage d'une enfance aimée.

Dans les limbes de la transmission vivent les fantômes attachés à leurs reliquaires, comme une planche de ouija domestique.

Les fantômes exigent de nous loyauté et engagement : leur souvenir doit être conservé et transmis. Cette transsubstantiation du souvenir qui s'efface à la mémoire que nous entretenons leur confère une existence et un certain pouvoir.

Le récit est ce qui conserve le plus objectivement, mais il convient mal aux fantômes, qui stagnent dans l'obscurité des non-dits. La lumière des mots embaume mais crée des momies légères et desséchées, vides comme les mues des cigales que l'on trouve parfois l'été.

Les objets, dans leur mutisme et leur étrangeté, font des reliques puissantes. Le mystère de leur origine et celui de leur sens, la puissance animiste qui les a jadis menés aussi près du vivant que des choses peuvent l'être, leur vulnérabilité poignante et levinassienne[1], qui en appelle à notre protection quand nous sommes d'abord ceux qui pourraient les jeter... La rencontre d'un objet hanté frappe au cœur, fort et sans mot dire.

Les histoires vivent haut dans la tête, dans les meilleurs salons de notre capitale[2], dans les fauteuils desquels elles se fossilisent à mesure qu'on les répète, perdant toute chair et faisant du cuir.

Les objets hantés, eux, touchent notre sensibilité. Leur vulnérabilité ordalique s'en remet à nous, qui décidons. Ils existent moins qu'ils ne persistent, suppliant l'ordre des choses de les épargner.

---

1. On trouve chez Levinas une réflexion sur la nudité et la fragilité du visage humain, dont la vulnérabilité *incarne* le commandement de ne pas tuer et en appelle à notre responsabilité.
2. Cf. p. 49, note.

J'ai tendance à être assez dure avec les reliques. Je les considère, puis j'ouvre un sac poubelle. Je ne crois pas qu'il faille chercher à vaincre l'anéantissement, comme elles le veulent. J'aime mieux apprendre à laisser la place et soigner le désir de durer. Idéalement, j'aimerais me consumer « comme un bon feu de joie, sans laisser aucune trace[1] », comme le dit Shunryu Suzuki.

Les loyautés sont des liens comme les autres. On peut faire sa vie à l'intérieur d'un nœud de serpents ou pratiquer un *shibari*[2] spirite, corps, cœur, esprit, jouant à nouer et à dénouer, avec cruauté et innocence, sagesse et désinvolture.

L'esprit antiquaire dont parlait Nietzsche[3], pénétré de sa mission sacerdotale, révère les liens parce qu'ils sont liens : chaque jour un peu plus anciens, mais chaque jour entretenus et cirés par ces réactions, gestes et peurs qui ne nous appartiennent pas, auxquels nous faisons pourtant l'hospitalité de notre vie.

J'aime mieux jouer avec les cordes que les prendre au sérieux : parfois, il me plaît qu'elles me meurtrissent un peu et je m'en remets à leur école, parce que la soumission a ses délices propres[4] et que j'aime aussi jouer le rôle qu'elles composent pour moi. Mais il y a surtout ce *shibari* inversé et lumineux, qui jouit de dénouer et de libérer délicatement chaque membre, chaque geste, chaque pensée. Il faut pour cela le tact de l'ornithologue

---

1. Shunryu Suzuki, *Esprit zen, esprit neuf*, Points, « Sagesses », 2014 (1re éd. 1970).
2. Pratique japonaise de bondage, à caractère sexuel mais aussi artistique et, qui sait, spirituel.
3. Dans la *Seconde considération intempestive*, parue en 1873.
4. Voir à ce sujet Manon Garcia, *On ne naît pas soumise, on le devient*, Flammarion, 2018.

dégageant un oiseau, la conscience de la fragilité de ce qui palpite sous nos doigts et du danger qu'il y a à libérer ce qui se débat, affolé par la pensée de la mort.

Plus on noue, plus on fige, comme on tente d'échapper au devenir qui emporte tout. On peut multiplier les liens, ne jamais rien jeter, ou dépasser, conserver et accumuler, se charger de toutes nos vies et devenir le conservateur de celles des autres, parents, grands-parents, enfants : ce musée n'aura pas de visiteurs, et il faut espérer que nous n'aurons personne à qui le transmettre, car il n'est pas juste d'alourdir ceux qui viennent après et de léguer nos fantômes en héritage.

Les hommes vivent dans ces toiles d'araignées, pourtant, qui sont un berceau pour les histoires qu'ils se racontent. Nous faisons nos vies sur ces vaisseaux fantômes au statut ontologique incertain, mythologies familiales concaténées, de plus en plus illisibles et spectrales à mesure que le temps passe et qui, comme le *Hollandais volant*, apparaissent de préférence par gros temps.

Ce n'est pas qu'il ne faille rien transmettre, mais je ne voudrais pas cultiver l'illusion que l'on peut vaincre le devenir, ni la conviction que notre honneur et notre devoir commandent d'une même voix de lui résister, par la conservation de reliques ou par cette forme psychologique de l'attachement que l'on appelle « loyauté » – qu'elle nous concerne individuellement ou *a fortiori* de manière transgénérationnelle.

Les spectres doivent être libérés et rendus au fleuve héraclitéen[1].

1. « On ne se baigne jamais deux fois dans le même fleuve, disait Héraclite. Car, la seconde fois, ce n'est plus la même eau et ce n'est plus le même homme. »

Il faudrait transmettre ce qui allège : le goût de la liberté, l'amour difficile du devenir, l'art de la légèreté. Il faudrait enseigner le droit de renier ce qui a été important, éduquer à repérer et à dénouer les loyautés et les promesses périmées.

Pour cela, il faut écouter les fantômes, en particulier ceux qui tressent les cordes les plus serrées : car la liberté croît sur le fumier de l'aliénation, car les plantes qui soignent poussent près de celles qui intoxiquent. Nés des caves de nos refoulements et des combles ancestraux, les fantômes hantent les lieux les plus sombres de notre personnalité, où nous sommes en souffrance et perméables. Leur présence nous renseigne sur ce qui est blessé en nous, que nous pouvons soigner.

Il faut visiter les greniers et les combles, parfois se rendre à la cave. Il faut y rencontrer les fantômes, leur apprendre qu'ils sont morts et que cela n'est pas triste car ils ont existé un jour. Il faut rencontrer les monstres parfois, qui perdent leurs dents et cassent leurs griffes dès qu'on les éclaire avec les mots exacts d'un récit plus juste que celui qu'on utilisait jusque-là. Ces monstres naissent de l'innocence abusée et leur peau a la viscosité de la culpabilité. On les soigne en dissipant le parfum de salpêtre qu'ils respirent par quelque courant d'air nouveau, et en structurant leur informité par de nouveaux éclairages. Ils ne peuvent être tués, mais ils resteront à la cave, inoffensifs et apprivoisés.

Mieux que nous, les enfants savent la vérité sur les greniers et les caves : ce sont des espaces de jeu. Au grenier, les jeux poussiéreux, qui enseignent le temps qui passe, l'attachement et l'étrange demi-vie du souvenir humain. À la cave, les jeux réellement dangereux, qui nous confrontent à cette monstruosité et à cette terreur qui rampent très bas, en deçà des mots.

Il faut jouer dans les greniers et dans les caves pour ôter son pouvoir à l'indicible. Une exploration trop sérieuse reconduirait, légitimerait et consacrerait les liens : la fermentation qu'engendre sur nos pensées l'investigation psychanalytique, par exemple, semble produire une ivresse herméneutique dangereuse.

L'irrévérence silencieuse du jeu des cordes me semble plus appropriée.

15

Du matin et du soir

IL Y A ceux qui aiment le point du jour, l'odeur de l'air lavé de frais par la nuit, les chants des oiseaux, le ciel qui se déchire de rose. Ceux-là ont dans le cœur l'amour naïf du jour qui vient, qui est comme une persistance souterraine et miraculeuse de la confiance des nouveau-nés pour le monde.

Et il y a ceux qui aiment le crépuscule et le sentiment de l'accompli qui augmente à mesure que la luminosité baisse. Chacun retourne chez soi où il n'appartient plus qu'à lui. La journée se termine et l'on peut s'accorder le repos. Les enfants seront bientôt couchés et on pourra s'abandonner à la douceur de la soirée, au repos du travailleur, à l'apaisement du retour à soi. À moins que l'on ne préfère les excès, les cris et les rires, l'alcool et la promiscuité, à moins que l'on ne préfère la fête, auquel cas on appartient moins au soir qu'à la nuit dont le soir n'est que la promesse.

Aimer le matin, développer un imaginaire érotique de l'aube, voilà un tempérament moins répandu et moins bruyant, mais que nous sommes quelques-uns à partager. Pour pouvoir aimer le matin, encore faut-il aimer sa vie – condition nécessaire et suffisante, mais condition rare. Il faut aimer le sommeil aussi, car ceux qui haïssent le matin sont ceux qui ont refusé de rendre les armes et de le laisser régner, contestant tard dans la nuit sa légitimité, rétifs et pâles.

Aimer le matin, c'est appartenir au silence, goûter les sensations les plus simples et les plus nues que le sommeil découvre en se retirant, comme des coquillages sur la plage. L'anesthésie de la nuit recouvre chaque sens d'une neige épaisse ; aimer le matin, c'est goûter leur renaissance. Pour être belle, cette renaissance de la sensation doit prendre son temps, sans violence ni brusquerie.

C'est la nuit qui pâlit derrière les rideaux et rend visibles les contours de la chambre et des meubles.

Ce sont les rares voitures qui passent, et les merles qui chantent.

C'est l'odeur chaude et sucrée des corps nus et de la couette, la chaleur qu'on apprécie d'autant mieux qu'il faudra la quitter jusqu'à la nuit prochaine.

C'est la faim qui anticipe le petit déjeuner et la conscience qui prend son quart, mettant fin à la nuit.

Ce n'est pas l'hystérie radiodiffusée d'une pub pour Carglass, la misère de la fonction « snooze », la surdose de caféine qui fait hurler les nerfs, la souffrance de la conscience encore endormie jetée au milieu de l'action.

Ceux qui aiment le matin ont l'âme contemplative, car tout est plus beau à cette heure. Le paysage est enluminé d'or liquide, adouci de brouillard ou nappé de pluie, et souvent Vénus s'accroche à un petit croissant blanc.

Pour aimer le soir, il faut avoir appris à abandonner et à s'abandonner. Il faut savoir aimer les fins, ne pas craindre de perdre, relativiser les exigences de l'action, hausser les épaules face aux injonctions sociales à l'activité et avoir la nostalgie heureuse. Le soir tombant signe la fin des efforts : l'heure des comptes si l'anxiété nous est chevillée au corps, le retour à soi si on a l'âme mystique. Aimer le soir nécessite d'être en paix avec soi. Si ce n'est pas le cas, alors la torture commence avec la cessation des activités et le sentiment de perte de soi augmente comme décline le jour. On traversera la soirée dans l'évitement et la diversion, l'abrutissement télévisuel ou alcoolique.

Aimer le soir, c'est congédier l'action pour faire place au rituel. Il n'est plus temps d'agir, mais de soigner, et d'éteindre le feu de l'activité. Il est temps de sortir de l'action en douceur, de goûter aux diverses formes que le repos peut prendre, ajustées aux besoins et envies de chacun, ainsi qu'aux saisons du jour et de la vie. Pour cela, il faut accepter la fin de la journée et reporter à demain sans plus d'égards ce que l'on n'a pas fini. Il faut s'accorder le repos au lieu de s'efforcer de le mériter jusque tard dans la nuit, et faire la paix avec ses insuffisances. Il faut parfois beaucoup de force – tout un désapprentissage, à vrai dire – pour laisser en plan nos activités et tout ce que nous n'avons pas achevé aujourd'hui, pour ne pas se soumettre à l'injonction de terminer, pour remettre l'action à la place ancillaire qui est la sienne et restaurer les droits du repos en soi, par lequel nous faisons l'expérience de la paix.

Aimer le soir, c'est préparer un repas simple, en mariant les envies aux saisons, les préférences de chacun aux restes de la veille, les produits qu'on ne veut pas laisser perdre et l'inspiration du moment.

C'est dîner ensemble, laisser les uns et les autres commenter leur journée. Nettoyer la table de ses miettes, programmer le lave-vaisselle et éteindre la lumière dans la cuisine.

C'est raconter une histoire aux enfants et recueillir leurs confidences dans des baisers.

C'est s'enrouler dans un plaid s'il fait froid, s'installer sur la terrasse s'il fait chaud.

C'est lire, regarder une série, écouter un podcast.

S'aimer.

Créer, si on le peut – pour ma part, le soir, j'en suis bien incapable.

Méditer ou enchaîner quelques *asanas*, peut-être ?

C'est apprendre à être simplement chez soi, comme on est parfois simplement assis en zazen[1].

Home, sweet home : c'est d'abord soi que l'on habite.

1. En japonais, *zazen* désigne la pratique de la méditation assise zen.

16

La vie intérieure

FAIRE la lessive, cuisiner, boire le thé.
Rôtir, saisir, saupoudrer, huiler.
Frotter, laver, rincer, essuyer.
Ramasser, plier, ranger.
S'accroupir ; monter sur une chaise.
Mettre à chacun ses couverts préférés.

Les prénoms peints sur les bols bretons, les mugs dont les motifs pâlissent à force d'être lavés, et le nombre impair des derniers verres à limonade en cristal.

L'oxydation des cuillères en argent.

Le bicarbonate de soude, le percarbonate de soude, le savon noir, le vinaigre ménager, l'argile blanche.

Le carrelage, les carreaux de ciment, les parquets, les tapis.

Les bocaux en verre, les cocottes en fonte, les cuillères en bois.

Les assiettes rayées, les théières, les brocs.

Les bibliothèques et les buffets.

Les fauteuils et les rocking-chairs.

Les plaids, les gilets de laine.

Se servir un verre d'eau du robinet.

Faire lever une pâte, nourrir le kéfir, bouturer ses plantes.

Enfourner un gâteau, puis nettoyer la cuisine.

Jardiner, faire sécher des herbes, fabriquer des macérats.

Lessiver le salon de jardin.

Le flottement des poussières dans un rai de lumière.

Le parfum du matin qui balaie la pièce, l'humidité chaude du linge propre, les claquements de porte des courants d'air.

Dessiner du doigt sur le velours de la moquette.

Tenir entre ses deux mains un mug de London Fog.

Le grincement de la porte avec laquelle joue un souffle nocturne, une nuit de canicule.

Le parfum de cannelle du gâteau qui gonfle dans le four.

Préparer Halloween. Décorer la maison pour Noël. Cacher des œufs.

Se brûler le dos contre la cheminée ou le poêle, s'ébouillanter sous la douche.

Se blottir en grelottant sous la couette.

Faire infuser à froid trois litres de thé glacé.

Installer un ventilateur.

Allumer quelques bougies.

Brosser le chat, laver le chien.

Changer la litière.

Donner le bain, continuer l'histoire du soir, caresser les cheveux d'un petit.

Embrasser un enfant qui dort déjà quand on rentre tard.

Garder le lit toute la journée parce qu'on est malade.

Traverser la nuit silencieuse à tâtons en direction des toilettes.

Chatouiller, parler, rire.

S'asseoir, s'allonger, lire, faire l'amour.

SECONDE PARTIE

Zendo[1]

1. *Zendo* : mot japonais désignant le lieu de pratique de zazen. Le *zendo* est un dojo spirituel.

17

Une école domestique

HABITER, demeurer, c'est vivre dans un espace singulier. En prendre soin comme il nous accueille, le laisser s'imprimer, s'y exprimer. C'est disposer d'un lieu à soi, où expérimenter la puissance souterraine de l'intimité, qui se vit mais ne se montre pas.

On néglige facilement l'importance de notre vie intérieure.

La répétition morne du quotidien tend à grossir les enjeux extérieurs ou exceptionnels, à orienter intérêt et efforts vers l'extérieur – réalisations visibles, succès professionnels, engagements associatifs peut-être –, tandis que notre foyer devient une base arrière – presque un arrêt au stand, le lieu où il n'y a rien à « faire ».

Le privilège de l'extériorité sur l'intériorité recoupe largement celui du visible sur l'invisible : il semble toujours plus gratifiant de voir et de montrer que d'investir dans l'intangible, dont on n'est jamais sûr qu'il existe ni qu'il importe. La visibilité semble la pierre de touche de l'époque, de l'humanité peut-être.

L'intimité ordinaire est difficile à voir, particulièrement à nos propres yeux, de même qu'il est difficile de sentir sa propre odeur ou de penser ses habitudes. Il est difficile de prêter attention à ce que ni soi ni personne ne voit.

Cette vie intérieure a quelque chose de souterrain. Nous ne la voyons pas, mais nous la devinons à la manière dont nous sentons et agissons, comme le fruit exprime la terre d'où il vient. La vie domestique est cette terre intérieure où germent nos actions. Le privilège trop systématique de l'extériorité – du visible, du remarquable de l'estimable, du méritant – peut conduire à appauvrir ce sol, comme l'aberration d'une agriculture productiviste qui éreinte la terre et méprise la jachère.

Si la vie intime est une terre, c'est plutôt celle d'un jardin. On y est chez soi, créant selon l'inspiration de petits mondes végétaux et minéraux. On parcourt l'espace en propriétaire, attentif à soigner, émerveillé par mille petites grâces, notant ce qui est éclos et ce qui passe. Seul un regard jardinier peut embrasser si profondément l'ensemble de ce qui est, tout à la fois soigner, orienter, aider et se laisser surprendre, contempler et goûter. Pour lui, le jardin est un théâtre de l'impermanence, car tout reste et tout change, de saison en saison, de jour en jour, d'heure en heure. Dans son jardin, on peut s'asseoir simplement et contempler la manière dont notre petit paysage se fond dans le grand, par-delà le muret du fond.

C'est toujours à partir ce jardin intérieur que nous construisons nos perspectives sur le monde, il est donc essentiel d'en prendre soin. C'est un projet modeste, profond et doux.

À la différence du producteur intensif, qui calcule et rationalise, le jardinier ne cultive pas son jardin *pour* en récolter des fruits, mais parce qu'il aime la terre et le temps qu'il y passe. Parce qu'il est heureux d'habiter ici. Les fruits et les fleurs viennent en plus.

De la même façon, si je prends soin de la vie intérieure, ce n'est pas *pour* en tirer les plus beaux fruits. L'intime, l'invisible, le domestique ont une valeur intrinsèque. La vie intérieure n'est pas un moyen *pour* d'autres fins, c'est une fin en soi. Il ne s'agit pas de récolter. Les fruits mûrissent naturellement et tomberont quand ils seront à maturité, qu'on les ramasse ou qu'on les laisse retourner à la terre.

Il faut préciser : valoriser la vie intérieure, ce n'est pas déprécier la vie publique que nous menons dans l'espace commun et par laquelle nous devenons une *personne*, c'est-à-dire, selon l'étymologie, un porteur de masques, capable de jouer et d'alterner les rôles, d'agir et de s'engager. Cette vie publique et sociale n'est pas autre chose que la vie elle-même, car rien ne peut authentiquement être séparé du reste. Nos individualités croissent et se rencontrent comme les fils d'une tapisserie, dessinant d'insondables motifs, aussi éphémères que le passage des générations.

Cette étoffe de la vie, faite des entrelacs de nos gestes, habitudes et actions, ordinaires et extraordinaires, c'est bien dans notre intériorité qu'elle tisse sa trame. Ainsi, à l'inverse d'une perspective descendante, qui étudie le déterminisme des individus par les relations sociales, mon approche envisage la vie intérieure dans une perspective ascendante et universaliste. Elle n'est pas un « développement personnel », au sens égocentré ou intéressé du terme, mais une pratique de la paix, dont la nature – comme celle de la guerre – est de rayonner et de s'étendre, aussi loin que vont nos actions, jusqu'aux confins de leurs conséquences les moins connaissables.

Les deux perspectives, descendantes et ascendantes, se complètent sans se nier.

C'est à l'école domestique que l'on apprend à soigner son jardin intérieur, car on va droit aux racines, au sol et souvent à l'impensé. On s'intéresse un peu moins aux théories et on s'en remet beaucoup à la lumière de la conscience, souvent négligée parce qu'elle ne s'étend pas plus loin que notre propre vécu ; mais c'est précisément de cela que avons besoin !

À la conscience de ce qui se présente et de ce que nous vivons, nous préférons souvent le somnambulisme bleu du flux d'activités de nos réseaux, guidés par d'obligeantes notifications. Nous préférons réfléchir à nos histoires, nos soucis du moment, et rêver à demain qui n'arrive pas assez vite.

Mais la conscience éclaire l'« ici et maintenant », corps, cœur et pensée, d'une lumière qui ne discrimine pas, ne distingue pas et se contente de *présenter* ce qui est.

La puissance d'enseignement que recèle la conscience vient d'abord de la lumière par laquelle elle découvre le corps vivant. La conscience est la faculté de se sentir exister, et c'est dans l'attention à la sensibilité qu'elle s'aiguise le mieux. L'investissement mental, au contraire, la disperse.

La sensibilité de la chair est un extraordinaire principe d'orientation et de connaissance, le plus subtil de nos instruments peut-être. Le plaisir, la douleur et l'ensemble du spectre des sensations et émotions déterminent un champ d'investigations aussi pénétrantes et démonstratives en leur genre que peuvent l'être les mathématiques.

L'école domestique réinterprète les valeurs traditionnellement attribuées au corps et à l'esprit, tout comme elle interroge le primat accordé à l'extériorité sur l'intériorité. Elle est fondée sur une hypothèse subversive : « Le corps n'a pas à être éduqué, c'est à lui de faire notre éducation. » Elle ne tient pas le corps pour négligeable, ne s'en défie pas ni ne cherche à le soumettre à l'esprit, car elle considère, comme le pensait déjà Spinoza, que le corps et l'esprit sont une seule et même chose, considérée différemment.

Je ne considère donc pas le corps comme « le tombeau de l'âme », pour reprendre le jeu de mot de Platon[1]. Le corps n'est pas non plus un ennemi, il n'a pas la paresse, le vice et la démesure qu'on lui prête, et nous n'avons aucun devoir de domination envers lui.

On est habitué à penser qu'ériger le corps en principe d'orientation signifierait laisserait libre cours à la recherche du plaisir et inciterait à se vautrer dans la fange égoïste et lascive où mène fatalement cette pente hédoniste. La haine calomnieuse qu'a suscitée le philosophe du Jardin, Épicure, n'a pas d'autre origine que cette indifférenciation entre plaisir et vice, qui témoigne très clairement du mépris que l'intellect porte au corps et d'une culture qui valorise la domination du premier sur le second. Cette haine du « pourceau », comme on l'a appelée pendant les millénaires suivants, est identiquement celle de l'animalité, synonyme d'indignité, de brutalité et de bassesse.

Pareille caricature témoigne d'une méconnaissance de la subtilité, de la puissance et de la profondeur des enseignements du corps. Car l'égoïsme n'est pas la

1. Jeu sur la ressemblance des mots corps (*sôma*) et tombeau (*sêma*).

règle naturelle du corps, contre laquelle on lutte par la maîtrise rationnelle de la morale en soi : il isole et rend amer, les plaisirs qu'il procure ne sont jamais satisfaisants, ils se révèlent creux et contrefaits, ne tiennent pas leurs promesses. L'égoïsme est une maladie intégrale, du corps et de l'esprit : y voir la vérité d'un corps qu'on laisserait vivre et, pour cette raison, ne reconnaître à celui-ci aucun crédit ni aucune voix, est d'une bêtise prodigieuse.

La règle naturelle du corps n'est pas l'égoïsme, mais le soin, dont il a besoin et qu'il prodigue. Sa sensibilité n'enseigne pas le vice, mais la douceur et les égards. Les maladies et les souffrances enseignent la santé et la mesure, la justesse de l'effort et la prodigalité de la discipline. Son rythme enseigne la puissance du temps, dont on peut se faire un allié précieux plutôt qu'un ennemi. Il est la terre où l'on sème les habitudes et où la routine peut déployer la puissance fantastique qui est la sienne – la même qui permet à un filet d'eau de creuser un canyon, par la grâce simple de la constance.

L'espace domestique est le lieu de l'ordinaire, l'origine de nos repères quotidiens, d'où se composent et se recomposent nos habitudes. C'est cela qui fait de lui un lieu privilégié pour l'observation des sensations et la découverte de la sagesse propre au corps. Aucun enseignement théorique n'y est dispensé pourtant, on se contente de pratiquer. Cela signifie que l'on ne distingue pas entre le faire, l'apprendre et le jouir, que l'on ne sépare pas l'action de son but, le moyen de la fin. L'espace domestique est un *zendo*.

Pratiquer à partir de la sagesse du corps a une autre vertu. Outre la capacité qu'a la sensibilité d'aiguiser la présence à soi, postuler la sagesse naturelle de la chair plutôt que son vice – ou même seulement même sa faiblesse – conduit à établir et à cultiver d'autres rapports à soi et aux autres, comme à expérimenter d'autres formes d'existence, plus douces et moins hostiles : plus paisibles.

Si le corps est cette partie animale, brutale et peut-être même vicieuse que nous ne pouvons pas éliminer en nous, comme un vestige déplaisant de bestialité que la raison permet de soumettre et de dominer, alors nous vivons déjà dans la tonalité intérieure de la guerre : division, déni, lutte, écrasement, soumission, triomphe ou défaite.

Il est traditionnel en philosophie de faire de la maîtrise de soi le signe d'une liberté authentique et le propre du sage. N'est-ce pas d'ailleurs parce qu'ils les soupçonnent de n'être que des corps que certains méprisent les animaux ? Parce que, dépourvu de raison pour penser et se gouverner, l'animal serait soumis à la spontanéité de son corps, incapable de « se dominer » – c'est-à-dire de se faire la guerre à soi-même ?

La sagesse du corps peut servir de fondement à une paix.

Il ne me semble pas que ce soit en gagnant des guerres que l'on fait la paix. Écraser, dominer et se construire des arcs de triomphe, ce n'est pas faire la paix, mais soumettre. Cette paix de vainqueur, obtenue en faisant taire, en étouffant ce qui s'oppose et en niant ce que l'on refuse est une contrefaçon : son silence est celui des cimetières. La paix que j'ai en tête est autrement ambitieuse : intégrale, moins illusoire et moins tragique. Une paix toute de diplomatie et d'égards pour l'ensemble de ce qui se présente, qui ne refuse rien de ce qui est humain et qui soit une hospitalité – la vertu de ceux qui ont un foyer. Une paix, surtout, qui n'est jamais faite, mais toujours en train de se faire, de se former et de se transformer : une paix vivante.

À l'école domestique, on s'ennuie et on s'active, on contemple le fond des tasses de thé et on fait le ménage. On prend soin de soi et de ceux qu'on aime. C'est un jardin intérieur, où l'on cultive des gestes, des postures et des pratiques, des pensées, mais très peu d'actions. La paix qu'on y cherche ne se fait jamais contre le corps, parce qu'il en est la boussole, l'instrument et le lieu naturel.

18
Mars et Vénus

Le féminisme a libéré les femmes du foyer dont elles étaient les anges gardiens. Le patriarcat considère le foyer familial comme le lieu propre de la femme, seyant à sa nature vouée à l'intérieur et à ses compétences nourricières. Idéalement diaphane et pudique, la femme au foyer aime en s'oubliant, sa noblesse s'exprime par l'effacement de soi dans le soin et l'attention aux autres. Elle pourra retrouver un peu de corps pour recevoir son mari au lit.

La révolution des féminismes a permis aux femmes de cultiver d'autres désirs : exister pour soi et occuper l'espace public. Penser, parler, écrire. Être vues, écoutées, reconnues et considérées. Rire et courir. Les luttes féministes ont conquis pour les femmes le droit d'être des hommes comme les autres.

Mais mon texte parlera sans doute plus facilement aux hommes et aux femmes qui, justement, ne se sentent pas « un homme comme les autres », qui peut-être ne veulent pas l'être, qui peut-être n'aiment pas tellement l'action ou qui ne ressentent pas tellement le besoin de se mesurer quoi que ce soit, ni à qui que ce soit. Pour nous autres introvertis, contemplatifs et amoureux de la routine, faire *aussi* sa vie chez soi répond à une aspiration profonde, dissidente et discrètement résistante.

Car c'est une autre fracture que celle distinguant les hommes des femmes qui m'intéresse et que j'aimerais réduire. La fracture existentielle qui m'occupe n'est pas, en soi, relative au genre, mais plutôt au dedans et au dehors, à l'invisible et au visible. C'est pourquoi on ne ferait que la répéter en continuant seulement de viser, dans le sillage de Simone de Beauvoir, à permettre aux femmes d'accéder, elles aussi, à l'expérience mondaine que se réservent les hommes. Dans une telle expérience structurée par la domination patriarcale, la vie domestique apparaît frappée d'indignité et aliénée, raison pour laquelle on la réserve à la créature inférieure qu'est la femme, maternante par nature – comme tout cela est bien fait et se goupille parfaitement ! Les hommes ont réservé la vie domestique aux bons soins des femmes parce qu'ils la méprisaient, incapables d'imaginer qu'elle puisse être le lieu d'aucune grâce[1].

---

1. Le chapitre que Simone de Beauvoir consacre dans *Le deuxième sexe* à la vie domestique, qu'elle envisage selon la perspective de l'exploitation conjugale, est à cet égard cauchemardesque. La réalité crue qu'elle peint est pourtant bien la même que celle que je décris dans ce livre, comme on peut en juger à partir de cet extrait (*Le deuxième sexe*, 2, 5, « La femme mariée ») :

> « Il y a peu de tâches qui s'apparentent plus que celle de la ménagère au supplice de Sisyphe ; jour après jour, il faut laver les plats, épousseter les meubles, repriser le linge qui seront à nouveau demain salis, poussiéreux, déchirés. La ménagère s'use à piétiner sur place ; elle ne fait rien ; elle perpétue seulement le présent ; elle n'a pas l'impression de conquérir un Bien positif mais de lutter indéfiniment contre le Mal. [...] L'enfant envisage l'avenir comme une ascension indéfinie vers on ne sait quel sommet. Soudain, dans la cuisine où sa mère lave la vaisselle, la fillette comprend que depuis des années, chaque après-midi, à la même heure, ces

Parce qu'ils les méprisaient tout autant – ici, le serpent se mord la queue, et on ne sait plus discerner lequel de ces mépris est l'origine de l'autre –, les hommes ont enfermé les femmes chez elles, afin de disposer de l'armée servile qui leur permet, à eux, de faire leur vie dehors, dans les affaires et les conquêtes, la politique, les arts, les sciences ou la philosophie, avec l'assurance appréciable de trouver, en rentrant chez eux le soir, des repas prêts, des baisers d'enfants propres et nourris, et bientôt le corps accueillant de leur épouse.

Déportés vers le monde extérieur et faisant de ce déséquilibre la marque de leur liberté et de leur privilège, les hommes ont pratiquement réduit à néant, pour les femmes et pour eux-mêmes, la capacité à concevoir la valeur existentielle et même spirituelle de la vie domestique. Or il n'y a pas d'expérience humaine intégrale sans elle.

Il était sans doute nécessaire que des femmes comme Simone de Beauvoir ou Betty Friedan nous délivrent des mystifications patriarcales par lesquelles les hommes prétendaient nous faire aimer notre prison. Mais je crois aussi que nous devons nous défaire maintenant de cette autre illusion patriarcale – plus pernicieuse et persistante encore, puisque même les féministes dites de la « deuxième vague » se sont trouvées d'accord avec les hommes sur ce sujet –, selon laquelle il n'y a aucune grâce dans l'étoffe rugueuse et répétitive de la

---

mains ont plongé dans les eaux grasses, essuyé la porcelaine avec le torchon rugueux. Et jusqu'à la mort elles seront soumises à ces rites. Manger, dormir, nettoyer… les années n'escaladent plus le ciel ; elles s'étalent identiques et grises en une nappe horizontale ; chaque jour imite celui qui le précéda, c'est un éternel présent inutile et sans espoir. »

vie domestique, l'accomplissement humain ne pouvant se chercher que dans la société, l'action, le monde[1].

Par-delà le genre, donc, c'est aussi de sensibilité qu'il s'agit : il y a assurément des tempéraments portés à l'extériorisation et d'autres plus introspectifs, les deux types n'étant pas également acceptés ni reconnus socialement et idéologiquement. On observe une tendance déséquilibrée qui valorise à l'excès les habiletés sociales et les réalisations extérieures, tout en moquant et en méprisant la vie intérieure.

Les sensibilités extraverties s'épanouissent facilement dans un système de valeurs organisé autour de la visibilité de l'action. Dans un tel système, c'est la gamme infiniment nuancée du regard de l'autre – appréciateur, envieux, reconnaissant, méprisant, dominant, tendre, soumis, complice, etc. – qui nous révèle à nous-mêmes et nous permet de nous connaître et de nous estimer. En conséquence, rien de ce qui échappe au regard n'existe ni ne compte vraiment.

Geeks, nerds, weirdos, freaks, otakus, binoclards, intellos, rats de bibliothèques, feignants, casaniers, etc. : les sensibilités introverties sont toujours un peu inadaptées à

---

1. Il faut mettre au crédit de la « troisième vague » féministe et en particulier à celui de bell hooks d'avoir réussi à mettre en question cet axiome que le patriarcat et la deuxième vague partagent. À partir d'une réflexion sur la question raciale, bell hooks montre que pour les femmes noires employées à tenir les maisons de la bourgeoisie blanche, leur foyer n'apparaît pas comme le lieu d'une aliénation, mais plutôt comme un lieu aimé, auquel la nécessité de travailler les arrache. Il est pour elles synonyme d'autonomie conquise, d'endroit à soi, plutôt que de prison. Le soin qu'elles n'ont pas assez l'occasion de prodiguer à leurs enfants et à leur foyer apparaît alors plus désirable qu'abrutissant, et c'est le travail, non la sphère domestique, qui est pour elles le lieu de l'aliénation.

ce système, et toujours un peu harcelées. Elles doivent apprendre et réapprendre les codes, en un effort permanent pour s'accommoder de cet étrécissement de l'existence dans le visible. Leur exil existentiel au milieu de ce monde étranger est à la source d'une multitude de contre-cultures singulières, d'une érotique de contrebande et d'une pensée radicalement subversive.

Exister dehors ou s'effacer dedans : il faudrait enjamber l'alternative et la laisser disparaître derrière nous. Nous y parviendrons peut-être en empruntant aux stoïciens leur conception de la philosophie comme « correction de nos représentations ». Il s'agira moins de choisir son camp que d'observer le débat lui-même, en considérant les catégories qui le déterminent et tout ce qui, plus généralement, demeure impensé et confondu avec les choses mêmes.

Le patriarcat ne se contente pas de mutiler l'expérience féminine en lui interdisant la vie publique ni de la duper en la faisant reine d'un minuscule royaume domestique. La division et la hiérarchie sexiste ne s'arrêtent pas à établir la supériorité d'un genre sur l'autre, elles ne se bornent pas à la seule diminution de la vie des femmes au profit des intérêts masculins : elles débordent dans tous les plis et replis de la pensée et du monde. Il y a des lieux virils et des lieux féminins, des actions viriles et des actions féminines, des pratiques viriles et des pratiques féminines. Il y a l'extérieur, viril, et l'intérieur, féminin. La politique, virile, et le soin, féminin. La guerre qui exalte les héros, et la paix – la soumission ? – à laquelle aspirent les femmes. La puissance et la douceur. Le visible et l'invisible. Le public et l'intime. La raison et la sensibilité. La science et le ménage. L'aventure et la routine.

Voit-on cette mutilation de l'expérience humaine, dans l'ombre de l'asservissement des femmes ? Une telle fracture axiologique[1] en appauvrit la richesse en même temps qu'elle produit un cortège de maux : déséquilibres éthiques, douleurs fantômes – celles qui persistent dans le membre qu'on a pourtant amputé –, maladies civilisationnelles, etc. Côté féminin, accoutumance aux violences et harcèlements sexistes, syndrome de l'imposteur, comportements préventifs de soumission, abnégation tendant à l'oubli de soi, simulation du désir et de la satisfaction sexuelle, travail émotionnel[2] dissimulé, contrôle et haine de soi, complaisance romantique aux mortifications, rivalité féminine et besoin d'être préférée... Côté masculin, brutalité des gestes et des mots, égoïsme, comportements à risques, violence, nécessité de prouver sans fin sa virilité, *boys' clubs*, tabou de la sensibilité, communication dysfonctionnelle, évitement des consultations médicales et psychologiques...

La division de l'expérience vivante selon le genre, aggravée par sa hiérarchisation, conduit au mépris d'une partie de cette expérience – l'expérience domestique et plus généralement intérieure, émotionnelle et sensitive –, dévalorisée car féminisée, comme à la survalorisation d'autres dimensions de l'existence – l'action et ses conséquences, le combat sous toutes ses formes, ce qui est visible par autrui.

---

1. Concernant les valeurs.
2. Le travail émotionnel désigne l'énergie dépensée à réprimer les émotions et les sentiments que l'on ne veut pas éprouver, en même temps qu'à feindre ceux que l'on voudrait ressentir, pour préserver les apparences et se conformer aux attentes, réelles comme fantasmées. C'est une forme d'abnégation qui prend prioritairement en considération le bien-être émotionnel supposé de ceux pour qui l'on « travaille émotionnellement ».

Mais la vie intérieure appartient à notre nature, à tel point que c'est un pléonasme[1]. De la même manière que l'esprit et le corps sont une seule et même chose, exprimés dans des dimensions différentes, la vie intérieure et la vie domestique sont aussi deux expressions d'une même réalité souterraine, existentielle. Mon féminisme se situe ici : subvertir le patriarcat pour atteindre la plénitude de l'expérience humaine.

---

1. J'emprunte cette idée à Michel Henri (voir par exemple *Incarnation, une philosophie de la chair*, Seuil, 2000) : pour les vivants que nous sommes, vivre signifie s'éprouver soi-même, faire l'épreuve de soi dans l'intimité sensible de sa propre chair. La vie, c'est la révélation à soi-même de soi-même, dans l'intériorité pure que nous sommes.

19

Éros domestique

JE NE VEUX PAS énoncer maintenant de nouvelles injonctions, qui permettraient par exemple de répartir plus équitablement les tâches et de faire accepter sa part à chacun. Les injonctions sont une autre forme de la guerre interne, qui utilisent la puissance de l'obligation morale pour faire plier et nous mettre tous au pas cadencé du devoir.

S'engager dans un combat féministe qui rappelle aux hommes ou aux femmes leurs devoirs, c'est prendre la voie de l'exactitude des comptes et de la rigueur de la justice. C'est entrer dans des procédures pour déterminer l'équitable et faire incidemment le nid du ressentiment. La mise en équation des devoirs, des intérêts et de la justice entre les genres, quand bien même elle parviendrait à résoudre théoriquement le problème domestique, ne ferait pas assez bien. Elle planerait démonstrativement au-dessus de nos têtes en nous faisant sentir nos insuffisances et en nous exhortant à bien nous conduire. Personne n'a envie de vivre dans ce tribunal intérieur, tour à tour victime, coupable, juge, avocat et procureur.

Tant que l'on ne montrera pas ce qu'il y a de désirable dans la vie intérieure, par-delà les fausses évidences les mieux enracinées – « on y tourne en rond et à vide, entre ennui, absorption par les flux numériques et répétition des tâches domestiques, la vraie vie est ailleurs, on dormira quand on sera mort » –, on n'aura d'autre levier pour réformer les valeurs que la bonne volonté de certains de partager la *to do list*. Cette bonne volonté est fragile, susceptible, inflammable et ne fait que reconduire – mais avec procédure et justice ! – le système de valeurs qui l'a produite.

J'aime mieux participer à changer tout à la fois les représentations et les pratiques par un levier autrement plus radical et respectueux de soi, propre même à nous construire : la culture du désir. Cultiver le désir serait tout changer. Quel levier autrement plus puissant que l'injonction du devoir ! Quelle voie autrement plus enthousiasmante que la guerre entre les sexes et contre soi !

Les injonctions exigent le reniement et la trahison de ce qui est au profit de ce qui doit être. Elles nous rendent lourds, tristes et nourrissent la haine de soi – car nous ne sommes jamais impeccables. Elles nous travaillent par la culpabilité orwellienne du crime de pensée, quand parfois la rébellion intérieure gronde. Si nous devenions exactement la personne qu'elles dessinent, nous aurions fini par nous éteindre dans la couleur grise du devoir. Les injonctions briment, prescrivent la négation de soi et éteignent la personnalité, alors que le désir l'exprime, l'élève et l'embrase... Le désir est une forme démiurgique d'énergie, le combustible incandescent de l'existence, qui forge et sculpte. Par lui l'existence devient style, puissance et rayonnement, les difficultés écrasent moins qu'elles ne stimulent, et chaque geste qu'il anime est une jouissance.

Mais peut-on seulement faire ceci, « cultiver d'autres désirs » ? Nos désirs ne se forment-ils pas spontanément et le génie génétique à leur endroit n'est-il pas idéologique et criminel ?

L'érotique domestique que j'écris *n'est pas* cet endoctrinement séculaire qui oriente le désir féminin vers le mariage, la maternité et la tenue du foyer. Il faut la différencier des millénaires de propagande patriarcale – pendant lesquels elle survivait malgré tout, à l'ombre de la tradition, de la violence, du droit, de la biologie, de la religion, de la morale et de la philosophie.

Il ne s'agit pas d'érotiser la torpeur vide d'une vie domestique où l'on est la servante de tout le monde, où l'on s'affaire sans savoir prendre un moment pour soi ni recevoir la moindre considération pour son travail, particulièrement si tous ceux que l'on sert n'y voient rien que de tout naturel. Vivre au foyer *seulement*, dans le brouillard des jours indiscernables, le service et l'oubli de soi, induit une existence lourdement carencée et myope, qui abrutit plus qu'elle n'éveille. C'est cela que produit l'endoctrinement, qui affaiblit, éteint et coupe de tout horizon.

On reconnaît les mensonges de l'endoctrinement au dressage qui éteint l'intelligence, à la guerre incessante contre soi, aux tristesses et aux regrets indicibles, à la nostalgie incompréhensible d'un état que l'on n'a jamais connu, ou inversement à la rigueur implacable avec laquelle on se range du côté de l'oppresseur.

La propagande domestique avait pour fonction d'enfermer et d'entraver, de contenir et de soumettre. L'érotique domestique, inversement, libère par la puissance du désir les forces vitales enfouies sous les sédimentations millénaires du patriarcat. Elle éveille une nouvelle sensibilité, découvre de nouvelles excitations et de nouvelles jouissances.

Pour que l'érotique domestique soit réellement une puissance de vie et de liberté, elle ne peut pas être cultivée hors-sol : il faut qu'elle naisse de besoins véritables, qu'elle parle d'une réalité existentielle tangible. C'est toujours à partir d'une culture que germent nos désirs, c'est donc un nouveau paysage culturel qui est à ouvrager. Il ne faudra surtout pas le créer de toutes pièces, car son artificialité et l'intention même qui en serait à l'origine le rendraient vain et stérile.

Il n'y a qu'à corriger nos représentations, car en réalité tout est déjà là. Nous disposons déjà d'une contre-culture multimillénaire d'érotique domestique, à exorciser autant qu'à revaloriser et à enrichir, et qui fournira à l'imaginaire autant de *topos*, de *kinks*, de détournements et d'excitations que l'on voudra.

Mon érotique domestique est l'expression d'un privilège, celui de vivre en des lieux et à une époque où le patriarcat a déjà sérieusement reflué, suffisamment pour qu'on le connaisse, qu'on l'analyse et qu'on ait cessé de craindre l'émancipation, qui se révèle beaucoup moins coûteuse que l'adhésion.

Elle s'adresse à la catégorie toute neuve des femmes fraîchement libérées, maîtresses de leurs ventres et de leurs biens, qui n'ont besoin ni de la certification de réussites extérieures ni de la maternité pour s'estimer et connaître leur dignité. Elle parle à celles qui se sont à ce point émancipées de leurs tuteurs et de l'emprise idéologique dans lesquelles ils les avaient corsetées qu'elles sont maintenant capables de s'abandonner sans rougir à ce que les premières féministes avaient considéré comme une sorte de mystification[1] ou de syndrome de Stockholm : le plaisir de la vie domestique.

Ce sera un plaisir plus difficile à chercher pour les plus militantes, qui ont passionnément désiré et conquis de haute lutte le droit de vivre à l'extérieur : il peut être psychologiquement perturbant d'érotiser ce dont on a réussi à s'émanciper.

Quant aux hommes, sommés par l'ensemble des injonctions qui façonnent leur masculinité de se réaliser à l'extérieur du foyer, par la conquête d'une place publique, par l'empire d'une maîtrise rationnelle de la nature ou par la réalisation de soi dans le projet d'une liberté sans ombre, peu d'entre eux ont pu accéder à un imaginaire domestique érogène, sauf à l'avoir fait plus ou moins en contrebande de leur genre, et le paysage érotique est donc pratiquement vierge pour eux. Explorer ce monde intérieur et en goûter soi-même les délices, c'est aussi de cette façon que les hommes pourront s'insurger contre le patriarcat.

Pour le virilisme[2], le plaisir domestique est un peu l'équivalent du clitoris : un plaisir tout petit, difficile à localiser, fondamentalement inutile, mais dont la nature,

---

1. Dans *La Femme mystifiée* (titre anglais : *The Feminine Mystique*), paru en 1963, Betty Friedan analyse en détail cette mystification, chez les femmes américaines de la seconde moitié du XXe siècle, poussées par une pression sociale multilatérale à renoncer à l'action et à l'existence dans le monde, à l'intelligence et à l'originalité de la personnalité, et réorientées dans leur désir vers l'état conjugal, la maternité et le service domestique, idéaux imposés du bonheur féminin.
2. Dans son livre *Le Mythe de la virilité. Un piège pour les deux sexes*, Robert Laffont, 2017, Olivia Gazalé nomme ainsi l'idéologie qui mutile l'expérience des deux sexes en même temps qu'elle la hiérarchise au bénéfice des hommes.

dans sa prodigalité, a gracieusement doté les femmes afin de rendre moins désagréable l'asservissement de leur genre. Un plaisir secondaire et dérivé, une caricature de plaisir, bien suffisant aux femmes. Un plaisir sans importance aucune, qui ne passionne aucun des grands intellectuels ou des philosophes sérieux, et que personne ne s'est abaissé à explorer. Un plaisir compensatoire, au mieux, incapable de rivaliser avec ceux des mâles activités : guerroyer, soumettre, gagner son immortalité.

Ma philosophie domestique participe d'une contrebande qui érotise d'autres voies, d'autres vies, d'autres amours, d'autres ambitions. Ce n'est pas une voie pour les femmes, mais pour tous les êtres humains. Ce n'est pas une voie qui empêche de travailler, de partir en voyage et de créer une œuvre, c'est une voie qui permet de vivre abondamment *aussi* le reste du temps.

L'érotique domestique que j'écris transcende les genres et réunit dans une contre-culture de l'intérieur tous ceux qui veulent en cultiver la sensibilité et la richesse. Elle naît du désir universel d'habiter quelque part, et non seulement d'avoir un lieu où se reposer d'une journée de travail. Elle transforme notre sensibilité au temps qui passe en apaisant la frénésie masturbatoire de l'hyperactivité. Elle décante la soif de l'aventure et développe le goût pour ce mélange de répétition, de perfectionnement et de variation que l'on appelle « routine ».

20

Le suprémacisme de l'action

UNE DES SPÉCIFICITÉS humaines, c'est la passion de l'action, fruit flamboyant de la liberté et de la volonté, maturé dans les hautes sphères de la raison ou jailli des tripes. On estime un homme à ses actions, on bâtit des philosophies pour les rationaliser et des religions pour les soumettre, on s'engage politiquement pour les porter à l'incandescence et peut-être engendrer cette bombe historique qui extirpe notre existence de l'absurde et nous porte à l'immortalité : un événement.

Or, voué à l'invisible et à la répétition, le foyer semble un milieu particulièrement impropre à produire des actions. Sans occasion d'agir, on n'a pas l'occasion de briller, et l'on y vit plutôt l'humilité du service quotidien de la vie et de ses rythmes. Où l'ego pourrait-il bien trouver à s'admirer, si personne n'est là pour l'estimer et si les œuvres elles-mêmes sont trop répétitives pour pouvoir être remarquées ?

On peut bien sûr imaginer que le foyer serve de décor à la tragédie, ainsi dans *La Cérémonie*[1], de Claude Chabrol, où

---

1. *La Cérémonie* (1995) est un film de Claude Chabrol qui adapte *L'Analphabète*, roman de Ruth Rendell, lui-même librement inspiré de l'assassinat de leurs patronnes par les sœurs Papin en 1933.

la chaleur domestique de La Malouinière, l'atmosphère d'intimité et de confidence, le tintement de la porcelaine au déjeuner et la lumière qui joue avec les rideaux rendent plus brutale encore la folie meurtrière qui précipite les personnages vers leur destin. La violence du film repose largement sur le contraste entre la douceur domestique et la brutalité du carnage : le salon où l'on écoute *Don Giovanni* en famille est le dernier endroit où l'on s'attendrait à une action, *a fortiori* violente.

Le foyer, lieu du repos, de l'amour et de l'éternel retour, s'oppose au monde extérieur qui nous invite à agir pour le transformer. L'humanité s'est façonnée elle-même dans la réponse à cette invitation, ainsi que l'analyse particulièrement le marxisme, pour lequel c'est dans son travail que l'humain se réalise. Agir, c'est vouloir que les choses changent et s'engager personnellement dans ce sens. C'est réorienter la marche du monde et, ce faisant, devenir un peu plus soi-même.

Mais notre action ne se réduit jamais à l'intention, au geste ou au mot par lesquels nous entrons volontairement et concrètement dans la machinerie du monde afin de le corriger ou de le disposer un peu mieux à notre égard : elle engendre toujours des réactions en chaîne impossibles à maîtriser autant qu'à connaître.

Tout ce que nous faisons ou disons, pensons peut-être, a de multiples conséquences qui nous échappent, à court, moyen ou très long terme, dans le monde, sur nous et sur les autres. Ces conséquences s'éloignent comme des ronds dans l'eau, éprouvent le monde entier et nous reviennent. Dans le bouddhisme, c'est la loi de la causalité que l'on appelle *karma* – traduit généralement par « action ».

Nous pouvons passer notre vie à dénier notre responsabilité quant à nos actions et leurs conséquences, enfoncer le poing dans l'eau en refusant de reconnaître que nous sommes à l'origine des vagues. Sartre appelait « mauvaise foi » cette puérilité égoïste de la conscience.

Nous pouvons apprendre, en mûrissant, le poids des actions et les responsabilités, ce qui est le développement naturel de la conscience morale. C'est toujours aussi risquer de couver l'œuf dont sortira la culpabilité, à moins que ce ne soit celui de la frustration devant l'injustice, ou encore celui du fanatisme. C'est, presque à coup sûr, faire de l'existence une tragédie et nous romantiser.

Considérant tout cela, ne nous trouvons-nous pas tout à coup bien prodigues, légers et désinvoltes, dans la manière dont nous semons nos actions ?

Les hommes ont la passion de l'action, mais celle-ci est plus rare qu'on ne le pense. Les grandes actions en particulier, tragiques, héroïques, mémorables, dans lesquelles nous nous engageons entièrement et qui nous *font* singulièrement sont peu fréquentes : la plupart du temps, nous vivons selon cette forme abâtardie de l'action que l'on appelle activité. On ne prête peut-être pas suffisamment attention à la manière dont celle-ci se pare de la grandeur de celle-là pour se légitimer idéologiquement et jouir d'une noblesse usurpée.

L'« aristocratie philosophique » de l'action, la grande et la petite noblesse de l'engagement – des vœux de mariage, par exemple, à la promesse de punir l'enfant capricieux une fois qu'on sera rentrés à la maison – et la bourgeoisie besogneuse de l'activité dominent le paysage culturel humain et façonnent les valeurs, définissant ce qui doit être recherché et ce qui doit être fui. Il faudrait *faire* car « l'oisiveté est la mère de tous les vices », *s'activer* car ce n'est qu'à cette condition que l'on mérite de vivre. Mais cela ne saurait suffire : vivre, *vraiment* vivre, serait tailler son chemin au-dehors, plier les volontés et les obstacles comme les blés devant soi pour conquérir sa place, annexer le monde et lézarder au soleil de l'admiration des autres, comme si l'on ne vivait pas assez en étant chez soi, comme si l'on ne pouvait s'élever que dans l'adversité, se construire que dans le défi. Nous croyons que le chemin qui importe va toujours vers l'extérieur, que le monde se tient face à nous et que nous devons le dompter, que les autres nous sont des rivaux et que la félicité suprême s'éprouve dans la reconnaissance que nous accorde le regard envieux de l'autre.

L'impérialisme inébranlable de cette idéologie devrait pousser à la méfiance et bientôt à la résistance. C'est une chose de reconnaître la beauté vivante qui peut s'exprimer dans l'action humaine, d'être sensible au jeu singulier d'une liberté qui se sculpte dans les déterminismes et de connaître la noblesse de l'engagement ; c'en est une autre de faire de l'action le sens unique de l'existence ; et il m'est encore moins évident d'obéir aux sergents de l'activité.

Car c'est bien l'activité qui nous soustrait à la contemplation, en nous suggérant sans trêve qu'il y a toujours mieux à faire que d'être seulement *là*, disponible pour *ce qui est*. C'est elle qui siffle à notre oreille, comme un serpent biblique, la liste infinie de tout ce que nous devons faire avant de pouvoir jouir de la vie. C'est elle qui nous oblige à terminer le ménage pour pouvoir nous reposer plus tard, elle qui aigrit notre humeur au spectacle tranquille de ceux qui se servent une bière alors que tombe le soir et que nous sommes toujours pris par l'hypnose de notre *to do list*. C'est elle qui infuse de rancœur nos questions rhétoriques, nos réponses et nos non-dits. C'est elle encore, qui fait les jours interminables et les années brèves.

C'est par son incontinence que l'activité se distingue de l'action : l'activité, c'est de l'action automatique qui se mord la queue, de l'action que l'on ne peut pas empêcher : notre plus sûr rempart contre la transgression du repos et la grâce de la contemplation[1].

La vie domestique est pauvre en action, mais l'activité peut y proliférer jusqu'à l'étouffement. On évitera cette asphyxie en contestant la suprématie de l'activité sur le repos et en transformant son somnambulisme en *pratique* consciente du soin.

Ce qui caractérise la pratique, par opposition à l'action, c'est l'abandon avec lequel on s'engage sans mesurer nos efforts ni les conditionner à un résultat. Une pratique trouve sa fin en elle-même, indépendamment de ce qu'elle peut *aussi* apporter par ailleurs. Elle ne se subordonne à aucun résultat, puisque les efforts que l'on y déploie sont tout ce que l'on y cherche. Les gestes et les sensations y plaisent *en eux-mêmes*, et sont

---

1. On relira à ce sujet la parabole de Marthe et Marie (Luc 10, 38-42) :

> « Comme Jésus était en chemin avec ses disciples, il entra dans un village, et une femme du nom de Marthe l'accueillit dans sa maison. Elle avait une sœur appelée Marie, qui s'assit aux pieds de Jésus et écouta ce qu'il disait. Marthe était affairée aux nombreuses tâches du service. Elle survint et dit : "Seigneur, cela ne te fait-il rien que ma sœur me laisse seule pour servir ? Dis-lui donc de venir m'aider." Jésus lui répondit : "Marthe, Marthe, tu t'inquiètes et tu t'agites pour beaucoup de choses, mais une seule est nécessaire. Marie a choisi la bonne part, elle ne lui sera pas enlevée." »

ce qui concentre notre attention bien davantage qu'un but qui les orienterait.

Pour cette raison, la pratique – et non l'action – permet de gouter à la saveur de l'absolu.

L'action nous inscrit toujours dans le relatif : elle nous mesure au monde, elle nous extériorise dans l'arène de ce qui est visible, elle nous exile dans les conséquences, et le réseau de ce qu'on dira de nous. Par essence, l'action est relative au monde, qu'elle transforme.

La pratique, à l'inverse, a quelque chose d'absolu car elle n'a besoin d'aucun résultat pour se justifier : la manière dont nous la vivons de l'intérieur se suffit à elle-même, et sa qualité première est justement de nous reposer de notre continuelle extériorisation. La pratique nous intériorise, car ses fruits se cueillent à même les gestes dans l'épreuve sensible que nous faisons d'elle, et sans qu'il y ait aucun besoin de les faire certifier par une quelconque visibilité. En un sens, l'action nous permet de nous prouver, et la pratique de nous éprouver.

Si chez soi – c'est-à-dire identiquement dans la *vie domestique* qui lave la vaisselle et prépare un cake pour le goûter, et dans la *vie intérieure* psychique, émotive, sensible, intellectuelle –, si chez soi, donc, on renonce à l'activité et qu'on consent à la pratique, alors quelque chose se transforme et s'allège d'un même mouvement. En renonçant à l'approbation ou au mérite, le règne du visible décroit et celui de l'invisible augmente. L'ego y perdra ses repères habituels et se trouvera désemparé, mais c'est exactement l'effet recherché, qui nous donnera l'occasion de nous éprouver : de mettre l'ego à l'épreuve et de de nous sentir vivre.

Cette *pratique domestique*, capable de contester le monopole existentiel du suprémacisme de l'action et de lui opposer un contre-pouvoir intérieur, est une pratique *du soin*. Là où l'action est essentiellement prise et emprise – sur les choses, sur les autres, sur soi –, le soin déploie un spectre différent : dans le tact qu'il développe en nous, dans la capacité qu'il aiguise à lire les vulnérabilités et les forces de ce qu'on soigne, dans le respect de la sensibilité et le renoncement à forcer, dans la relativisation, enfin, du résultat, au profit du geste en soi – puisqu'il faudra recommencer demain, et qu'on n'*en* viendra jamais à bout. À partir de cette nouvelle tonalité, nécessairement plus douce, le soin nous apprend à conjurer notre brutalité naturelle et favorise aussi, dans la continuité de sa pratique, l'émergence d'actions différentes, plus belles et plus conscientes, plus intuitives, plus généreuses ou plus lumineuses.

La différence entre l'action et le soin, c'est la place laissée à l'amour. L'action permet aux hommes de se mesurer entre eux, de se mesurer eux-mêmes et de se mesurer au monde. L'amour ne mesure rien, il donne simplement ; en lui, il n'y a donc rien de grand ni de petit.

Chercher à l'inverse, y compris chez soi, à se mesurer et à se grandir par ses propres forces, ses efforts, son activité et ses actions, c'est se saisir de ridicules armes de lilliputiens et monter à l'assaut du monde pour en obtenir la reconnaissance et bientôt la soumission. Au fondement de ces actions et activités motivées par l'ego réside la naïveté de ses désirs : être le plus grand, le plus beau, le plus intéressant, le plus intelligent, le plus riche, le plus aimé, le plus puissant. Quant au royaume domestique dans lequel le patriarcat a confiné les femmes : être l'ange du foyer, la femme d'intérieur la plus dévouée et la plus admirée, rivalisant avec toutes les autres de dévouement et d'abnégation.

Le besoin de s'activer pour mériter, être approuvé et plaint peut-être, relève d'une soumission à l'idéologie de l'action, dont il est une dégénérescence. Il nous apprend à souffrir pour mériter, à témoigner muettement de notre peine par chacun de nos gestes et de nos paroles et éveille en nous une sensibilité de martyr.

Il y a un culte romantique du héros dans la passion de l'action.

Il y a le goût sacrificiel du martyr dans la narcose de l'activité.

Il y a la simplicité sans question de la sainteté dans la pratique du soin.

À l'école domestique, on peut apprendre à résister contre la tendance à l'activité, qui est le bavardage de l'action. Si l'on cesse de vouloir y briller, on n'y renforcera plus aucun ego et l'on pourra même s'y sevrer, si besoin, de nos des rêves de grandeur. Si l'on y transmue l'activité en pratique, on y guérira peut-être de notre goût de la souffrance et l'on y gagnera la paix. Comme les corps y sont la mesure de toute chose, on les lavera du mépris millénaire et tenace dont ils font l'objet. Comme les tâches y sont quotidiennes et réitérables à l'infini, on y domestiquera l'absurde à la manière de Sisyphe : en recommençant chaque jour.

21

Da capo

La routine du quotidien est le repoussoir de la culture de l'action. Symptôme d'une vie prise dans la vase, elle est le visage terne de l'ennui, qui justifie tous les efforts que nous déployons pour la repousser. Dans son couple ou au travail, face à sa vie entière, reconnaître que l'on est « tombé dans la routine », c'est faire l'aveu d'un échec.

Tout ce qui la fera voler en éclats nous rendra à la « vraie » vie : les petits week-ends, les vacances, les voyages, les échappées et autres escapades… Prison dans laquelle nous nous sentons d'autant plus minables de vivre que nous sommes supposés en avoir les clés, la routine se nourrit de notre démission. C'est un pis-aller qu'il faut supporter, en attendant le jour où l'on pourra vraiment vivre. C'est la vie sans le glamour ni l'exotisme, au cœur du linge à étendre et de l'éternel retour des repas à préparer.

La désormais fameuse « charge mentale », dont la théorisation a permis de verbaliser et de politiser le caractère accablant et ingrat de la routine, en constitue la partie immergée de l'iceberg. La maison semble fonctionner d'elle-même, mais pour que la journée se déroule avec fluidité, il faut organiser, préparer, savoir, penser, ne pas trop remettre à demain et faire. Vivre la routine, c'est progresser dans une *to do list* ingrate : chaque tâche accomplie occulte le dysfonctionnement qui, si on l'avait négligée, aurait pris tout l'espace.

C'est l'inlassable répétition de cette chorégraphie de l'ordinaire qui menace de nous éteindre, sous la chape d'un brouillard myope et sans avenir. Elle frappe d'absurdité chaque geste, qu'il ne faut pas seulement faire une fois, mais refaire *toujours*. L'approvisionnement et l'entretien de la maison, les soins des enfants, le jogging dominical ou le traitement des papiers administratifs forment les flux et les reflux d'une marée que l'on ne peut ignorer, sauf à perdre pied. La routine déroule sa partition, aussi prévisible que celle, perforée, d'un piano mécanique : tâches, actions, gestes et soucis dont on n'a pas envie de s'occuper, même s'il faut bien que quelqu'un le fasse – et recommence à le faire.

Da capo[1].

À la longue, l'ordinaire exhale ce relent de supplice grec qui aggrave le mal par son éternel recommencement. Rien ne passe et tout revient, tout juste coloré différemment par le changement des saisons. Un vertigineux sentiment d'éternité se déploie, et nous sommes exilés hors du temps. Puisque aujourd'hui reviendra demain, le sens des choses s'évapore. L'œdème du temps qui ne passe pas gonfle et défigure l'existence, où l'on ne fait que rouler sa pierre jusqu'au lendemain.

---

1. Sur une partition musicale, terme qui indique qu'il faut reprendre le morceau depuis le début.

La nuit permet seulement à Sisyphe de redescendre de sa montagne.

Il y a chez Nietzsche un texte célèbre et mystérieux, intitulé « Le poids le plus lourd[1] », plus connu sous le nom de « pensée de l'éternel retour ». On y trouve, portée à l'incandescence, la compréhension profonde de ce qui se joue dans le recommencement.

L'éternel retour nietzschéen n'est pas une thèse métaphysique : c'est la perforation de l'œdème du quotidien par une question, rougie au fer de l'éternité : « Pourrais-tu revouloir cette journée ? »

L'éternel retour n'est pas une hypothèse à vérifier et il ne faut donc pas la soupeser de l'intellect comme si elle prétendait décrire le monde à la manière de la science. Il ne faut pas non plus l'effleurer d'une pensée désinvolte qui dédaigne les chimères poétiques et file droit à l'analyse. Il ne faut pas même se laisser séduire par la poésie de l'évocation.

L'éternel retour est une expérience que l'on tente à ses risques et périls, un brasier spirituel dans lequel on jette son existence, incertain de la manière dont on y survivra.

---

1. Dans *Le Gai Savoir*, § 341, « Le poids le plus lourd » (1882), Nietzsche écrit :

> « Et si un jour ou une nuit, un démon se glissait furtivement dans ta plus solitaire solitude et te disait : "Cette vie, telle que tu la vis et l'as vécue, il te faudra la vivre encore une fois et encore d'innombrables fois ; et elle ne comportera rien de nouveau, au contraire, chaque douleur et chaque plaisir et chaque pensée et soupir et tout ce qu'il y a dans ta vie d'indiciblement petit et grand doit pour toi revenir, et tout suivant la même succession et le même enchaînement – et également cette araignée et ce clair de lune entre les arbres, et également cet instant et moi-même. Un éternel sablier de l'existence est sans cesse renversé, et toi avec lui, poussière des poussières !" »

« Pourrais-tu revouloir cette journée ? » Il y a de l'ordalie dans cette question, qui partage les hommes selon leur manière de la vivre : certains se jetteront sur le sol, « grinçant des dents et maudissant le démon qui [...] parlerait de la sorte », parce que cette pensée écrase leurs épaules d'un poids insupportable. La journée d'aujourd'hui était déjà si dure ou peut-être si vide, si fausse ou peut-être si longue : comment imaginer qu'elle revienne demain à l'identique, et le surlendemain, et cela indéfiniment ? Comment résister à l'envie de hurler ? C'est toute l'absurdité de l'ordinaire qui apparaît sous la lumière crue de l'éternité et révèle son secret : le jour qui passe n'est supportable que parce qu'il finira et ne reviendra pas, parce que, au moins, « ça, c'est fait » ! Et si ce contrat que nous passons avec nos journées – « certes, ce n'est pas intéressant, ce n'est pas de cela que je veux remplir ma vie, mais enfin, il faut bien le faire, et maintenant, c'est fait ! » – est rompu par la fourberie du démon qui vient murmurer à notre oreille la pensée de l'éternel retour, alors il n'y a plus qu'à tomber au sol, écrasé par « le poids le plus lourd », celui de notre existence s'effondrant sur elle-même à la manière d'un trou noir. À quoi bon ?

« Pourrais-tu revouloir cette journée ? » Cette question est pour Nietzsche l'expérience ultime qui, dans certains cas exceptionnels, a le pouvoir de forger un surhomme[1].

1. Les philosophes continuent de s'écharper au sujet de ce que signifie exactement le « surhomme nietzschéen ». Il s'agirait pour Nietzsche de désigner par là un horizon pour l'humanité, en nommant ainsi la *possibilité* pour elle de triompher de ce qui toujours menace de l'engloutir : le retournement de la vie contre elle-même. Ce retournement, mouvement réactif et non créateur, est à considérer comme une sorte de maladie auto-immune de la vie humaine, que Nietzsche a décrite sous le nom de « ressentiment ».

Celui que le poids de l'éternel retour n'écrase pas, mais qui renaît au contraire de l'infernale gravité régnant en son sein est un être à ce point supérieur qu'il transcende l'espèce... C'est celui qui est capable, non pas d'endurer, mais de *vouloir* l'éternel recommencement, de vouloir et de *revouloir* sa vie, *l'ensemble de sa vie*, plutôt que de la fuir de jour en jour comme nous le faisons habituellement.

C'est sous les auspices de l'exceptionnel et du supérieur que Nietzsche envisage le surhumain forgé par l'éternel retour. Il y a là un vestige touchant de romantisme autant qu'une adhésion franche à ce que j'ai appelé le suprémacisme de l'action. Pourtant, il y a *en même temps* chez Nietzsche la compréhension d'un éternel retour moins puéril, débarrassé de l'imaginaire héroïque : d'un éternel retour qui coule lentement, à la manière d'une lave, à l'intérieur de chaque pli de l'ordinaire, sous la forme d'une question posée « à propos de tout et de chaque chose » : « Voudrais-tu cela encore une fois et d'innombrables fois ? » Ce serait tricher avec le feu que de ne poser la question qu'à propos des grands moments, bien visibles et gorgés de sens, à propos des drames et des passions, des souffrances et des triomphes. Il faut murmurer la question dans l'étoffe même du quotidien, la laisser imprégner le cœur ordinaire et absurde de nos vies, l'éponge qui débarrasse les miettes, les magnets sur le réfrigérateur. « Voudrais-tu cela encore une fois et d'innombrables fois ? » Il faut poser la question au milieu du foyer et la laisser forger dans l'éternité chaque heure passée à entretenir, laver, préparer et soigner, à mettre le four à préchauffer et à frotter les taches à la main avant de « lancer une machine » ; la laisser peut-être transmuer en or le plomb des heures routinières, évanouies sitôt vécues.

« Voudrais-tu cela encore une fois et d'innombrables fois ? » L'existence s'effondre sur elle-même, sous le poids le plus lourd, comme une nappe de gaz cosmique devient une étoile. Une gravité démiurgique éclot en son sein et engendre bientôt une réaction de fusion nucléaire.

« Pourrais-tu revouloir cette journée ? » C'est cette énergie, forgée au cœur éternel du recommencement, qui a le pouvoir de faire de nous « des étoiles qui dansent[1] ».

1. On trouve cette belle formule dans le *Zarathoustra* de Nietzsche.

22

Rituels et zombies

COMMENT changer le plomb en or ? La question de l'éternel retour est une pierre philosophale : si l'on veut suivre l'usage et conserver le mot de « routine » pour l'hébétude du quotidien de plomb, alors comment évoquer la vie d'or qui en est la transmutation alchimique ? Il y a quelque chose qui éteint dans la routine, mais il existe bien une certaine magie permettant d'éveiller, de concentrer l'attention et de jouir au cœur même de la répétition.

La vie d'or n'est pas routinière, mais semée du charme discret des rites.

On peut s'étonner et hausser les épaules : l'homme occidental du XXIe siècle dédaigne volontiers les rituels, vestiges pittoresques d'une vie traditionnelle rigide et ignorante. Il y a quelque chose de religieux, d'oriental aussi peut-être dans leur observation, qui s'épanouit à l'ombre de cette rationalité des Lumières qui moque la tradition et ses superstitions.

Le goût du rituel n'est certes pas moderne, encourageant la sujétion aux règles, le service et le respect de l'ordre des choses plutôt que sa remise en question…

À contresens des vertus d'efficience, d'utilité ou de rationalisation, il cultive le sens rebelle de la gratuité de l'existence. Cette sensibilité à la pratique et à la contemplation est une forme résiliente de la magie, pratique des gestes capables de modifier la fréquence sur laquelle nous existons.

Le rituel oppose à l'efficience brumeuse de nos actions habituelles la conscience de ce que l'on fait et l'aspiration à bien le faire. Il implique de s'attacher un peu moins au résultat, de mépriser les raccourcis rationnels de l'efficacité et de reconnaître une dignité au geste.

Dans le rituel, on se plie de son mieux à l'enchaînement des actions qui se déterminent les unes dans les autres, on se coule dans le courant méditatif que les affluents de nos gestes et postures font monter autour de nous, et qui nous emporte si l'on s'y abandonne.

Le geste rituel nous dépose ici et maintenant. Il remédie à l'anesthésie de l'habituel en obligeant à maintenir l'attention sur ce que l'habitude rend transparent : le geste lui-même. Le cérémonial japonais du thé en donne peut-être l'image la plus saisissante : dans l'attention la plus pure, le geste ne se distingue plus de l'existence à l'extrémité de laquelle il mûrit, le temps se résorbe à la fine pointe du présent et le rituel se confond avec l'art et la pratique mystique.

Au contraire, le geste habituel nous dissipe et nous nous oublions dans les représentations mentales où se continuent nos conversations, dans la toile d'araignée psychique des histoires, des angoisses et des désirs. L'habitude a une utilité psychologique : elle nous soulage de l'hésitation et nous permet de *faire* avec efficacité tout en gardant notre attention disponible à tout autre chose. Elle nous permet de ne pas être focalisé sur ce que nous faisons et de nous en détacher, pour anticiper ce qui vient ou pour nous concentrer sur ce qui pose problème. Le fragile présent est écrasé par la brutalité du futur : on pense toujours à tout autre chose qu'à ce que l'on est en train de faire. L'habitude permet au présent de ne pas l'être et au futur de prendre sa place. Elle est inféodée à l'anticipation, pour laquelle elle vide notre présent de ce qui le constitue, ainsi qu'à l'imagination, à laquelle elle ouvre une scène où jouer les histoires que nous nous racontons.

Le rituel est l'antidote de l'habitude ; mais comme pour tous les *pharmaka*[1] – remèdes ou poisons selon le dosage –, son usage demande de l'art. Sa vertu est celle de toutes les mystiques : noyer le soi dans ce qui est plus grand que lui et rendre disponible à la grâce. Son vice est celui par lequel il dégénère en une orthopraxie d'une inflexibilité imbécile. Quand il n'est plus irrigué souterrainement par la vie même, quand il n'en épouse pas les rythmes et les besoins, mais qu'il est clos sur lui-même, le rite fait de l'homme qui le pratique un zombie dogmatique et maniaque.

Cette torpeur de mort-vivant constitue le danger propre des civilisations du rite, comme le montrent la fossilisation du confucianisme chinois ou l'histoire des religions en général. On la reconnaît facilement : le rite devient pointilleux, rigide et cassant comme une branche morte.

C'est donc avec légèreté et finesse que se pratique la magie des rites, développant autant de petits rameaux sensibles que l'on pourra en inventer, sans les laisser dégénérer en maniaquerie, mais en les renouvelant,

---

1. Pluriel de *pharmakon* (cf. page 40).

avec goût et créativité, comme passent les saisons et les cycles. Distillant le présent dans le *mudra*[1] des gestes qui le servent, le rituel donne un goût de perfection à ce qui revient, en explore avec art et expertise la jouissance propre et célèbre discrètement le culte domestique.

La sensibilité rituelle n'est pas sans souplesse, en réalité, capable de faire naître et d'abandonner sans façons les « courtes habitudes » par lesquelles elle s'éprouve et s'exprime, que Nietzsche tenait pour « des moyens inappréciables d'apprendre à connaître beaucoup de choses et de conditions variées, pour voir jusqu'au fond de leur douceur et de leur amertume[2] ».

C'est *l'esprit de sérieux* appliqué aux habitudes qui est à l'origine de leur dégénérescence sénile et nous fait mettre un point d'honneur à conserver éternellement, à momifier l'existence dans les bandelettes du ritualisme. Nietzsche dit encore :

> Je hais les habitudes durables et je crois qu'un tyran s'est approché de moi, que mon atmosphère vitale s'est épaissie, dès que les événements tournent de façon à ce que des habitudes durables semblent nécessairement en sortir.

C'est donc l'espièglerie insoucieuse de l'enfant, capable d'inventer autant que d'abandonner, qui garantira contre le sérieux notre sensibilité ritualiste et lui réapprendra à *jouer* avec l'existence. Celui qui sait jouer se donne

---

1. Mot sanskrit désignant en yoga un geste symbolique et rituel des mains, capable de sceller une disposition énergétique intérieure autant que de relier l'homme au divin. C'est une « magie » yogique des gestes de la main.
2. Friedrich Nietzsche, *Le Gai Savoir*, § 295, « Courtes habitudes » (1882).

tout entier à ce qui l'occupe et se prend sans retenue au jeu, sans jamais pourtant y croire absolument. Il répète jusqu'à satiété ce qui lui plaît, puis change de jeu sans y penser.

Il ne s'ennuie jamais.

23

Les sables de l'ennui

Ce qui est redouté dans la routine – et que le rite a le pouvoir de tenir à distance –, ce n'est pas tant la répétition que le spectre de l'ennui. Il est vrai que la répétition semble augmenter chaque jour un peu plus le risque d'un enlisement.

Par-delà le problème de la répétition, quelque chose en nous devine le danger qu'il y a à se laisser vivre chez soi. Une menace vide ou une terreur fade couvent sous la surface de la répétition, comme les sables mouvants en baie du Mont-Saint-Michel.

On peut marcher sur la grève et même traverser ces sables mouvants, car le danger ne survient que si l'on piétine : on s'enfonce alors doucement et l'angoisse monte. On peut conjurer l'ensevelissement en se remettant en mouvement, mais il faudra être d'autant plus énergique qu'on sera resté longtemps au même endroit.

L'ordinaire quotidien est cette bande de sable qui menace d'engloutir dans un néant d'absurdité morne tout ce qui commence à durer. Le nom de cette angoisse grise du temps qui ne passe pas puisqu'il repasse, et de l'effondrement intérieur existentiel qui l'accompagne, c'est l'ennui. Si l'on craint tant la répétition, c'est parce que l'on redoute par-dessus tout l'ennui dont elle semble la cause et dont on cherche à conjurer le spectre par la nouveauté.

Mais l'ennui est tout autre chose que la répétition et n'en est pas la conséquence nécessaire : c'est la souffrance existentielle de l'homme en mal d'aventure. C'est pour cela que la répétition semble y mener si naturellement : dans l'éternel retour, il n'y a pas d'imprévu, pas de drame ni de surprise, pas d'action risquée en laquelle s'engager, pas de choix crucial, pas de pari. Il n'y a pas d'aventure.

La répétition, c'est le silence des histoires, et c'est bien ce silence que l'on trouve chez soi, dans l'ordinaire des gestes quotidiens qui animent la maison. Le bourdonnement du réfrigérateur ou le roulis de la machine à laver, le tintement des couverts que l'on sort du lave-vaisselle et le frottement de l'éponge sur le plan de travail jouent une partition de bruit blanc qui offusque le rêve d'aventure que nous portons en nous depuis l'enfance et qui nous fait espérer que quelque chose de neuf et d'inattendu nous arrive, pour qu'enfin nous nous sentions vivre et devenions nous-même. Faite de délices et de dangers, l'aventure nous prend tout entiers, pèse notre courage, mesure notre noblesse et sonde nos failles. Elle rend la vie pleine, riche, intense : elle fait de nous des héros. L'aventurier accorde sa confiance au monde extérieur : pourvu qu'on aille dehors, le monde pourvoira ! Vivre à l'intérieur, n'est-ce pas renoncer à l'aventure et consentir à une vie fade, sans le sel de la nouveauté ni les épices des péripéties ?

Si l'on ne se sent exister que malmené par les flots tumultueux des tempêtes aventureuses, si l'on ne se sent vraiment vivre que sur la crête des plus hautes vagues dramatiques, alors il doit en effet y avoir comme une impossibilité technique à *sentir* quoi que ce soit sans ces conditions de gros temps. Le désir d'aventure ne masquerait-il pas une insensibilité acquise, un peu comme la nécessité de rajouter toujours plus de sel témoigne d'une incapacité croissante à goûter la saveur des aliments sans cet exhausteur ?

L'ennui et l'aventure qui y remédie constituent deux archétypes pour l'idéologie de l'action. Le suprémacisme de l'action, qui place l'aventure à l'acmé de l'accomplissement humain, voit dans l'ennui la carence inévitable d'une existence qui renonce à sa propre grandeur. Si le plein développement d'une vie consiste effectivement à dépenser son énergie dans toutes sortes d'œuvres et de travaux, à sortir et s'activer parce que c'est ainsi que l'on se sent vivre le plus, parce que c'est ainsi que l'on mérite le mieux et parce que le but ultime du jeu de la vie est l'immortalité que l'on gagne en inscrivant son nom dans les mémoires, alors, en effet, le foyer n'est que le lieu où l'on reconstitue ses forces pour mieux repartir à l'assaut du monde. Puisque l'on ne peut continuer toujours, il faut apprendre à s'arrêter et reposer la machine.

Il faut bien s'arrêter : le suprémacisme de l'action accepte cette nécessité. Mais rien ne justifie pour lui de s'arrêter plus longtemps que nécessaire et de dilapider dans le silence intérieur le temps que l'on devrait employer à *faire*. Rien ne justifie qu'on se laisse engluer dans l'immanence de la répétition, que l'on renonce à l'appel du héros et que l'on rate sa vie, faute de volonté. Persister dans le repos, c'est céder à la paresse et manquer à ses devoirs sociaux et humains.

Ce péché d'acédie, pour reprendre le terme de la tradition ecclésiastique, se caractérise autant par un dégoût de l'action que par la négligence du soin que l'on se doit et que l'on doit aux autres. On parlerait aujourd'hui plutôt de dépression, mais le suprémacisme de l'action préfère y voir une faute individuelle qu'il pourra condamner et à l'évitement de laquelle il enjoindra de travailler, déployant tous les *topos* de l'action, du libre arbitre, de la volonté, de la responsabilité individuelle et du mérite qui le caractérisent. Dans la mythologie de l'action, l'ennui que nous cause la répétition devrait suffire à nous convaincre de sortir à la recherche de nouvelles aventures, comme une alerte cardiaque nous renseigne sur la nécessité de changer notre mode de vie. L'ennui que nous éprouvons douloureusement est la conséquence de notre volonté apathique et chétive et peut être guéri par n'importe quoi : il suffit de s'activer et le voilà disparu ! Il suffit de sortir ! Il suffit de se faire violence ! Celui qui se laisserait happer par ce mal n'a aucune excuse, sa mauvaise volonté témoigne contre lui.

Il est si évident qu'il faille éviter l'ennui ! Tout le monde le sait : l'ennui fait de notre présence ici et maintenant un site dévasté par la solitude du vide. Autour de nous, à perte de vue, aucun secours. Nous pourrions pourtant faire n'importe quoi plutôt que rien ! Mais le vide a aussi défait le désir qui ne parvient plus à rien colorer et la vanité de toute entreprise apparaît trop nettement. Dans l'éternel présent de l'ennui, notre existence est absurde et pesante, minérale.

À l'occasion de cette expérience vide, c'est face à l'immensité du temps qui ne passe pas, face à la grève du présent que l'on se tient. Quand la répétition débarrasse l'existence de toute aventure, quand on se trouve simplement chez soi sans rien à faire d'autre que ce que l'on fait tous les jours et parfois sans le secours d'un désir capable de nous remettre en mouvement, quand on se sent abandonné là, au milieu de la grève sans fin, c'est le présent que l'on découvre et dont on perçoit dans l'ennui le goutte-à-goutte insupportable. L'ennui est un face-à-face avec la viscosité du présent, si terrifiant qu'il est capable de nous faire renier ce à quoi nous croyons pourtant le reste du temps : à la fuite du temps. Dans l'ennui, le temps atteint l'absolu, et cet absolu est un enfer. Le temps ne passe plus, le présent règne à perte de vue, notre existence se recroqueville, desséchée par l'absurdité et accablée par son insignifiance. Si cela devait durer trop longtemps, nul doute que la tentation suicidaire ferait entendre son chant de sirène.

Si cette description de cauchemar ne suffit pas, l'idéologie de l'action peut aussi pointer l'obscénité sociale de l'ennui, la négligence du soin que l'on doit aux autres autant qu'à soi. S'ennuyer, c'est gaspiller, laisser perdre ce temps si précieux après lequel tous soupirent ! Quand personne n'a jamais suffisamment de temps pour faire tout ce qu'il a résolu de faire, l'ennui apparaît comme une impossibilité technique et l'on attend de celui qui l'éprouve de façon incompréhensible qu'il utilise et rentabilise dignement cette manne suspecte : « Eh bien ! Tu as de la chance de pouvoir t'ennuyer ! Moi, je n'en ai pas le temps… »

On entend dans cette phrase le grincement de la suspicion, et la chaleur de son ton masque mal la brûlure de l'envie. Il est suspect d'avoir le temps de disposer de soi, et encore plus de ne pas y remédier par quelque action ou projet. On peut admettre que cela arrive parfois, au hasard d'une conjonction de circonstances, mais pas qu'on s'y complaise. « L'oisiveté a toujours enseigné beaucoup de mal », dit l'Ecclésiaste, et l'on ne compte pas les bons mots qui au cours de l'histoire ont exploré cette fausse évidence. L'ennui est la rançon du vice de paresse, berceau de tous les autres, et le travail est une hygiène publique et psychique bien avant que d'être une nécessité. S'activer, c'est mériter sa place, n'est-ce pas ?

À l'appui de tant de bon sens, un philosophe hégélien ou marxiste nous rappellera peut-être que c'est dans son travail que l'homme s'accomplit. Contrairement à la torpeur de la bête qui répète sans fin les mêmes activités instinctives et paresse une fois repue, la dignité humaine veut l'hommage d'une œuvre sans fin, par laquelle elle peut se transcender et se reconnaître elle-même. Notre supériorité, c'est l'ampleur de notre activité dans le monde, notre capacité à œuvrer. Au fond, l'ennui est la punition méritée du traître à l'espèce.

Pourquoi résisterait-on à un tel réquisitoire, qui a de son côté l'évidence ressentie, la condamnation pragmatique, la réprobation sociale et la caution philosophique ? Il serait donc de salubrité existentielle de combattre l'ennui, en particulier là où il se développe le plus volontiers, dans l'obscurité de la répétition, la famine de l'action et les sables de la paresse : chez soi.

24

Lumière des grèves

Je ne défendrai pas l'ennui contre ses adversaires, mais je propose qu'on y regarde de nouveau, mieux et plus profondément. Je ne nie pas l'ennui ni son expérience grise, mais je crois qu'une nouvelle sagesse attend ceux qui s'y *laissent engloutir*, sagesse inaccessible aux adversaires de l'ennui, persuadés que leur honneur autant que leur bonheur dépendent de la guérilla farouche dont ils le harcèlent. Cette autre sagesse distribue différemment les catégories de repos, d'oisiveté, d'ennui et d'activité, de mérite et de plénitude. Pour elle, l'ennui n'est pas la rançon naturelle d'une déchéance dans l'inactivité, mais plutôt l'expérience du sevrage. La douleur de l'ennui nous donne l'occasion de constater notre addiction à l'activité et pointe donc en direction d'une santé et d'une liberté de nature supérieure. Comme dans toutes les luttes contre les addictions, il faut pour se libérer avoir beaucoup médité sur la confusion entre plaisir et soulagement et sur le confort de l'aliénation. Au-delà de cette méditation intellectuelle, il faut traverser la détresse du sevrage sans croire à ses mensonges.

L'ennui est l'expérience douloureuse du sevrage de ce que Pascal appelait « divertissement » : l'ensemble des actions, des activités et des pensées qui nous captivent suffisamment pour que nous échappions au présent, projetées sur l'écran blanc de l'anticipation, de l'effervescence mentale et de la construction narrative de soi. Je peux reprendre ce concept de divertissement, mais j'ai tendance à lui préférer celui d'« histoires », qui évoque les liens entre l'action et la construction de soi autant que le désir d'aventure et l'activité mentale narrative qui nous projette ailleurs qu'ici. « Histoires » dit la trame narrative qui recueille, interprète et tresse les actions, par laquelle nous nous construisons nous-mêmes dans notre subjectivité et entrons en contact avec les autres.

La douleur du sevrage que l'on vit dans l'ennui est multiple : c'est la mauvaise conscience de celui qui « ne fait rien de sa vie » quand les autres s'activent et méritent leur bonheur ; c'est l'impossibilité de donner du sens ou de la valeur à une expérience qui échappe à la narration ; c'est la suffocation de l'existence projetée à une altitude à laquelle elle ne sait pas s'adapter : l'altitude de la vie intérieure, désencombrée de l'activité plutôt que saturée par ses injonctions, ne convient qu'à ceux qui s'y installent volontairement.

Pour les autres, l'inactivité forme un milieu toxique, corrodé par l'ennui. La lucidité cuisante quant à la vanité de nos affaires nous jette dans une fuite éperdue, avant que l'absurdité ne nous assène bientôt un grand coup de poing dans le ventre. Il faut être solide pour encaisser cela et il faut avoir une bonne raison pour ne pas chercher à se l'épargner en plongeant aussi vite que possible dans le divertissement, dans la toile d'araignée de l'activité et des histoires, dont l'incapacité que nous avons à nous dépêtrer permet largement d'occuper une vie.

Les histoires – celles qu'on raconte aux autres, celles qu'on se raconte sur soi – nous captivent dans les fils de soie collants des narrations et des interprétations ; elles sont ce que nous avons de plus efficace à opposer à l'ennui. Elles sont le remède universel, d'une efficacité vertigineuse, grâce auquel on peut masquer, sa vie durant, ce que l'ennui entrevoit par mégarde et qui lui est insoutenable : la vulnérabilité de la vie nue, déshabillée de sa robe d'Arachné.

Pourquoi se priver d'un tel remède à la souffrance de l'ennui ? Le divertissement présente une figure assez agréable pour se proposer comme une fin en soi, et même s'il n'en était pas une, il est « prenant », ce qui est tout ce qu'on en espère, puisqu'il nous « prend » à l'ennui et nous rend, rescapés, à une saine activité.

Si, à l'occasion du sevrage de l'action, de l'activité et des histoires, nous décidions de passer outre les calomnies de la culture de l'action, certains approfondissements deviendraient possibles. Au voisinage immédiat de l'ennui, on trouverait l'expérience du repos, aussi distincte de celui-là que la fleur de lotus immaculée posée sur la boue du marais, pour reprendre l'image bouddhiste classique. Le repos se distingue de l'ennui par la manière dont il vit de manière inverse ce même dévoilement qui accompagne la cessation des activités : l'ennui dans l'enfer du manque, le repos dans la plénitude de la satiété. Il est vrai que ce dévoilement est toujours une épreuve.

Ce que l'idéologie de l'action appelle « ennui », c'est l'existence accoutumée aux histoires qui proteste face à la nudité de la seule présence. Un tel refus ampute l'expérience humaine de sa dimension intérieure. On ne peut opérer cette mutilation qu'en s'assurant d'un anesthésique assez puissant pour que nous ne la sentions pas : le divertissement est ce médicament.

Mon père raconte que lorsqu'il a vu pour la première fois la grève de la baie du Mont-Saint-Michel depuis la route de Cherrueix, il l'a trouvée grise et plutôt triste. Un peu laide, malgré ses dégradés de plomb et de perle. C'est à force d'habiter près des polders qu'il a appris à voir les jeux changeants de la lumière, du sable, du liseré lointain de la mer et des nuages. C'est à force de longer son immensité stratifiée de gris qu'il a appris à aimer cette grève venteuse sillonnée par les confettis légers des chars à voile.

« Où est la mer ? » demande parfois le touriste, déçu de trouver des kilomètres de grève là où il espérait se baigner. La baie qui s'étend entre Cancale et Dol-de-Bretagne enseigne parfois à se passer du secours divertissant de la mer. Sa beauté impressionniste et subtile peut déconcerter, car c'est la beauté de la vacuité – encore y a-t-il toujours le petit dôme lointain du Mont-Saint-Michel à chercher, qui témoigne de l'audace, de la folie et de la grandeur de l'aventure humaine.

J'aime penser l'ennui comme la souffrance à apprivoiser d'une existence nue, sans le divertissement de l'activité ni le secours d'aucune nouveauté. Son épreuve compte parmi les plus terrifiantes, mais on peut l'observer, l'approcher et peut-être même l'inviter. Apprivoisé, l'ennui peut être lavé des préjugés et de l'ignorance qui le défiguraient. Raffiné en repos, il peut resplendir comme le joyau spirituel qu'il est. Depuis l'autre rive de la souffrance traversée, l'ennui apparaît comme la défroque qui vêtait l'absolu.

Le repos, en yoga, est le moment suspendu où la posture est juste, c'est-à-dire où elle peut être tenue sans difficulté ni violence contre soi et où l'on est seulement présent, « fermement établi dans un espace heureux », selon la traduction d'*asana* que l'on doit à Gérard Blitz. Dans ce repos étendu à toute chose par-delà le tapis où l'on pratique, se trouve l'enseignement du véritable poids de l'existence, de sa gravité exacte, ici et maintenant, une fois décanté le kaléidoscope étourdissant des histoires. C'est cet enseignement qui permet la présence à soi la plus aiguë et le dévoilement le plus dense de la vie concentrée à la pointe de la conscience.

Le repos en soi, en résorbant la diffraction de l'existence dans la multiplicité des activités, permet à chacun de se tenir en son centre et de se sentir vivre avec exactitude. Le repos en soi, c'est l'école du vide, dont les leçons sont dispensées par une tasse de thé, ou à l'occasion de tous les gestes répétitifs qui bercent de leur rythme singulier notre activité. On pratique en étendant le linge ou encore en pelant et en découpant les légumes. On pratique d'autant mieux que l'on donne congé à ses pensées et qu'on laisse les gestes se chercher, s'ajuster, se trouver et se perdre.

Si *cela* est insupportable, on l'appelle ennui.

Si *cela* est une épiphanie, on l'appelle éveil.

Si *cela* est paisible, on l'appelle repos.

Le repos ne consiste pas à ne rien faire, c'est plutôt notre capacité à nous suffire à nous-mêmes, à nous accomplir ici et maintenant, à l'occasion de ce que nous faisons. C'est notre capacité à vivre sans projection et sans futur, dans l'assiette[1] de l'« ici et maintenant ». Le repos, c'est apprendre à simplement être là, présent à ce que l'on fait aussi bien qu'à ce que l'on refait. En lui s'évanouissent la comparaison, la recherche de l'estime des autres et le besoin de certifier la valeur de son existence par le sceau de l'hyperactivité. On accède à un autre régime existentiel : corps, cœur, esprit, conscience, fondus dans le creuset de l'attention, étalent notre existence comme une grève immense, lumineuse et paisible.

L'ennui et le repos révèlent ici la raison de leur air de famille : ce sont deux perspectives opposées, idéologiquement adverses, à propos de la même expérience de dénuement et de pure présence. Cette expérience est capable d'élever la conscience jusqu'à des altitudes insoupçonnées et insupportables pour celui qui a l'habitude d'exister en exil de soi, dans les choses qu'il acquiert, les actions qu'il projette, l'agenda qu'il surcharge, et les regards qui approuvent. Celui-là n'a appris à s'estimer qu'à proportion de sa fatigue du soir et ne sait jouir que par la nouveauté.

À l'école domestique, on apprend à reconsidérer les exigences sociales, économiques et philosophiques du travail compris comme moteur du dieu croissance et condition de la valeur individuelle : le travail n'a de la valeur que lorsqu'il soigne le vivant ou qu'il l'exprime. On apprend à relativiser l'importance du regard des autres et à se méfier plutôt des injonctions à *faire* qu'il inocule en nous. On apprend surtout à vivre bien sans

---

1. En équitation, l'assiette désigne l'état d'équilibre et de stabilité du cavalier qui s'efforce d'épouser parfaitement l'allure de son cheval.

la béquille de la nouveauté et à demeurer chez soi avec authenticité.

On apprend à domestiquer l'ennui.

Or l'ennui domestiqué, c'est l'oisiveté, privilège de celui qui s'appartient pleinement. Ce n'est pas un repoussoir, c'est un idéal. L'économie et la marche suicidaire du monde conspirent contre l'oisiveté, parce que celle-ci fait de chacun de nous un maître, riche de tout ce qui est nécessaire, alors que celles-là ont besoin d'esclaves crevant d'une multitude de désirs et exilés dans les paradis artificiels de la consommation, pour alimenter la machine infernale de la croissance. Ceux qui savent reposer en eux-mêmes consomment peu.

L'ennui n'est pas le fardeau de la condition humaine, mais le symptôme d'une carence spirituelle. En cela, il indique une voie : de l'autre côté de la souffrance, la paix peut advenir, car le repos est un mode de vie, une autre fréquence de l'existence. D'immenses richesses sont données à tous ceux qui cessent le combat. Ce ne sont pas des compensations.

Les Anciens avaient un mot pour dire l'art d'utiliser les richesses : la magnificence. Le repos, c'est la vie magnifique.

25

Le Far West sous mes pieds

QUELQUE chose d'essentiel se joue dans la peur de l'ennui qui nous attend, tapi dans la pénombre du foyer et de la vie intérieure, mais que l'on pourrait travailler à intégrer plutôt qu'à fuir. Qui a décrété que la simplicité d'une vie domestique excluait de se sentir vivre ?

Il y a bien une logique dans le fait de chercher dans l'aventure le sens de nos vies : nous ne sommes pas seulement des corps, nous aspirons aussi à donner du sens à notre vie, à éprouver et repousser nos limites. L'homme est ce vivant qui s'exile de son corps pour vivre dans des histoires et notre identité même est narrative : nous sommes l'ensemble des histoires que nous nous racontons à propos de nous-mêmes, augmenté de toutes celles que nous racontons aux autres. Cet appel qui souffle depuis le Far West des odeurs de cuir et d'écume sur la robe des chevaux, des odeurs de poudre et d'or, de danger et d'héroïsme, cette mélopée séduisante des histoires, c'est cela l'aventure.

Quand on part à l'aventure, c'est toujours à la recherche de soi, comme le disent les épopées. Sa vie ne suffit pas à l'aventurier, il lui faut en renouveler les histoires et se réécrire. Avoir de nouveaux projets, se donner de nouveaux défis. Se mettre en difficulté et sortir de sa zone de confort, partir loin. Par ses choix, ses rêves, ses victoires et ses échecs, le héros construit son personnage à la force de la narration.

Séduction de la nouveauté, excitation de l'imprévu, jouissance de l'incertain : l'aventure requiert de nous l'engagement absolu par lequel on la reconnaît, et si nous l'aimons tant, c'est parce qu'elle nous oblige à puiser profondément, à mettre en forme notre profondeur pour écrire notre légende personnelle. Les aventures sont des histoires qui exigent d'être racontées, car ce n'est pas l'expérience elle-même qui fait l'aventure, mais la manière dont on en rend compte. Il est bien possible qu'il n'y ait pas d'aventure tant que son récit n'existe pas. La soif de l'aventure se révèle soif d'histoires, tentative d'exhausser notre existence dans la prospérité du mode narratif. Notre identité est narrative *parce que* notre personnage est social : nos meilleures histoires sont un investissement existentiel par lequel nous constituons petit à petit le capital de ce personnage, et dont les rentes narcissiques sont perçues dans le regard des autres.

Ainsi nous exilons-nous toujours, autant que nous le pouvons : dans les histoires que nous construisons et racontons, dans le miroir noir de nos écrans, dans les songes vagabonds qui nous portent loin de la table du repas à débarrasser.

> Nous sommes de la même étoffe que les songes
> Et notre vie infime est cernée de sommeil[1].

---

1. William Shakespeare, *La Tempête* (« *We are such stuff as dreams are made of, and our little life is rounded with a sleep.* »)

C'est toujours ailleurs que l'on vit : dans le regard des autres, dans la carrière ou les voyages, dans les conquêtes et l'ensemble des histoires que l'on raconte à propos de soi.

La soif d'aventure ne s'étanche pas à l'eau de l'ordinaire, parce qu'elle n'a rien à dire de l'ennuyeux lot commun de tout ce qui vit, du biologique en nous qui demande sans fin à être lavé, nourri, soigné, entretenu. Dans le mode narratif de l'existence, le corps ordinaire, vaquant aux tâches quotidiennes, n'occupe jamais que deux places : celle du prélude où le héros végète avant que l'aventure ne le prenne, ou bien celle de la conclusion et du retour au repos *désormais* bien mérité. Alors il n'y a rien à dire et c'est ce qui clôt l'histoire. Ils vécurent heureux et eurent beaucoup d'enfants. *The end.*

Pour notre condition fabulatrice, la profondeur du corps ordinaire est un abysse, que la lumière des mots n'atteint pas. Les histoires sont la surface de nos existences, et sur cette surface, les synapses du sens forment des entrelacs hypnotiques dont le corps ordinaire, muet et radical, est absent.

Je lis dans le mépris de l'ordinaire quelque chose comme une négligence de notre condition de vivants et un désaveu de l'échelle biologique à laquelle nous ne pouvons supporter de nous voir réduire. C'est bien le corps qui nécessite d'être entretenu, nourri, abrité, qui réclame les soins chaque jour réitérés et les efforts qui pourvoient à cet entretien continuel. Notre ancrage biologique et circadien est l'éternel retour le plus radical auquel nous soyons confrontés. Nous n'y échappons pas : vivre commence ici. Pourtant rien ne retient plus difficilement notre attention : comme si nous étions captifs du corps, pressés de le servir seulement pour nous en débarrasser plus vite.

Certes, nous soignons notre apparence... Mais c'est pour nous voir dans le regard des autres. Nous investissons la surface du corps : ornée, peinte, habillée, tatouée. Scrutée, cryptée, décryptée. Mais les profondeurs du corps, qui les explore, qui les soigne, qui les aime ? Qui les *habite* ?

J'évoque ici non pas le vieux dualisme métaphysique de l'âme et du corps, mais plutôt la fracture existentielle du corps et de l'identité narrative, pour laquelle le corps est le simple substrat capricieux des histoires qui trament le sens de l'existence, par la magie desquelles nous allons à notre propre rencontre et à celle d'autrui, lestés de leur héritage et brûlants de les transmettre.

Le corps est le lieu de la vie ; les histoires sont l'espace mental où nous préférons vivre.

Le quotidien est le lieu du corps, l'aventure est celui des histoires.

Faut-il les réconcilier, comme on le pourrait ? Y a-t-il quelque chose comme une aventure du corps ? Il y a indéniablement quelque chose de salvateur dans le besoin d'aventure, qui témoigne d'une aspiration à échapper à une certaine forme d'anesthésie que l'on contracte chez soi. Mais est-ce en s'exilant le plus possible du quotidien que l'on trouvera ce que l'on cherche ? Ou peut-il y avoir une aventure *intérieure*, à chercher dans d'autres antipodes, c'est-à-dire chez soi ?

« Nul ne sait ce que peut le corps[1] », a écrit Spinoza. La dernière frontière est la première et le Far West est sous mes pieds. C'est un Far West sans histoires, déserté

1. Spinoza, *Éthique*, III, 2, scolie.

par les mots et saturé par la lumière des sensations, la poussière des émotions dans le vent, le parfum du silence et les murmures des gestes. Les aventures et les péripéties y sont intuitives et *asaniques*. Le soin, l'attention et la contemplation s'y révèlent initiatiques. Sous l'infini du ciel intérieur, il n'y a pas d'histoires à raconter, mais il y a tout à vivre. Les saisons s'y succèdent, les ères psychiques aussi. La vie y est cyclique, fluide, espiègle, cruelle parfois, changeante toujours. C'est l'aventure ultime, au soleil de laquelle blanchissent toutes les aventures extérieures, et dont le vent balaie les histoires *sub specie aeternitatis*[1].

---

1. « Sous l'aspect de l'éternité. » Cette locution évoque chez Spinoza le mode de dévoilement absolu des choses, dans leur plénitude divine ou naturelle.

26

« Prendre soin de soi »

LA RÈGLE naturelle du corps, c'est le soin, dont il a besoin et qu'il prodigue. Le soin n'est pas une action comme les autres, une action parmi les autres, ni d'ailleurs une action à part des autres. C'est plutôt une disposition de l'existence, la tonalité harmonique que nous produisons quand nous vivons selon une gamme particulière de gestes, de pratiques et d'émotions.

Là où l'action s'achève dans l'accomplissement de son but, à bien y regarder le soin n'a pas vocation à s'épuiser jamais en aucun terme. Soigner, c'est se relier, prendre sa place dans le tissu métaphysique qu'est la réalité, cultiver l'existence et fondre ensemble, tel un alchimiste, les choses du monde dans l'athanor de l'interdépendance : le mien et le tien ; l'humain, l'animal, le végétal et le minéral ; le cosmos et la vie, les générations et les individus. C'est l'alliage vivant de l'alchimie domestique.

Paradoxalement, c'est sans doute de prendre soin *de soi* qui est le plus délicat, parce que la morale proscrit l'égoïsme, requiert que l'on s'efface plutôt et que l'on gagne la reconnaissance par ce sacrifice. Plus on montre la négligence en laquelle on est capable de se tenir, l'abnégation dont on sait faire preuve, mieux on peut espérer être reconnu dans l'abstraction de ses mérites. Les efforts continuels par lesquels on s'applique à s'oublier sont une détestable politesse, par laquelle on est éduqué à s'effacer devant la moindre broutille et qui rétrograde le souci de soi au dernier rang de nos priorités. On s'occupera de soi quand on aura fini tout le reste. Cela n'arrive jamais, et le souci de soi est éternellement repoussé.

Tous n'obéissent pourtant pas à cette injonction sacrificielle, qui infuse en premier lieu le lait dont on nourrit les petites filles[1]. Ainsi le soin est-il d'abord ce que l'on attend des femmes – assorti du tabou qui frappe d'obscénité la possibilité de commencer par soi-même : prendre soin *de soi*, dans le système des valeurs assignées au féminin, c'est en pervertir le sens, pratiquer une forme de masturbation dont le plaisir pris ne paie pas la culpabilité.

Cette morale de l'abnégation et du sacrifice de soi, cette morale d'esclave[2], est un obstacle majeur au déve-

---

1. Je pense par exemple à ce passage de Virginia Woolf (dans *Une chambre à soi*, de nouveau) qui décrit « l'ange du foyer » – c'est-à-dire la femme qu'elle aurait dû et pu être, le destin féminin –, qu'elle a dû assassiner pour pouvoir écrire :

> « Elle était dénuée de tout égoïsme. Elle excellait dans les arts domestiques. Elle faisait preuve d'abnégation tous les jours. S'il y avait du poulet sur la table, elle prenait l'aile ; s'il y avait un courant d'air, c'est elle qui s'asseyait devant – bref, elle était ainsi faite qu'elle n'avait jamais une opinion ou un désir à elle, car elle préférait se rallier aux opinions et aux désirs des autres. »

2. J'emprunte au Nietzsche de la *Généalogie de la morale* cette idée selon laquelle une morale préconisant abnégation et sacrifice de soi (c'est le christianisme qui concentre sur lui les attaques chez Nietzsche) est un moyen efficace pour les asservis de donner du sens à leurs souffrances et de toucher du doigt l'idéal vertueux.

loppement d'une authentique capacité à prendre soin de soi, à la possibilité d'en faire une valeur et d'y voir un sol dans lequel peuvent germer d'autres vertus. Celles que cette morale mystifie ont du mal à rejeter les douceurs sacrificielles et à se détourner des reconnaissances promises à qui s'y soumet le mieux – rien de moins qu'une forme de sainteté. Elle forme un système idéologique et social, un mode de vie et un piège total.

Ne nous y trompons pas : les hommes ne sont pas épargnés par l'imprégnation de cette morale à l'usage des asservis, qu'ils ne rejettent pas le moins du monde en adoptant la posture des maîtres. Déléguer à d'autres la tâche de prendre soin de nous, c'est manquer de cultiver la capacité de prendre soin de soi, et refuser d'y reconnaître le terreau d'une existence authentique et complète ; et peut-être les hommes sont-ils *encore plus loin* de pouvoir le faire, si soigner leur apparaît servile et efféminé, presque frappé de tabou.

L'existence diminuée et hors-sol vécue par ceux qui s'épargnent l'expérience du soin ne devrait pas susciter notre envie. Comment pourraient-ils alors faire l'expérience de l'interdépendance de nos liens, qui constitue le cœur du soin ? Comment apprendraient-ils à se défaire du narcissisme ou à relativiser l'importance de leur plaisir ? Comment éviteraient-ils de se construire dans cette forme monstrueuse de la relation dont le soin est absent, qui utilise, soumet, exploite et que l'on appelle aussi « domination » ? Le soin exténue plutôt les égoïsmes, réduit les fractures et les hiérarchies, renforce la place du corps et relie les cœurs. C'est une panacée.

Par-delà les impasses patriarcales, ce qui rend la capacité à prendre soin *de soi* si difficile à cultiver est que cette expression, en même temps qu'elle exprime le tabou moral que l'on vient d'évoquer, est un des mots d'ordre social les plus martelés par notre époque. « Prends soin de toi » est une injonction puissante, aussi racoleuse qu'un néon publicitaire, et éminemment *instagrammable*.

D'un côté, le tabou moral ou sexiste, de l'autre, l'injonction du *hashtag* : la contradiction générée frappe d'abrutissement tout en précipitant dans une quête impossible... Un peu à la manière dont la publicité pour une chaîne de fast-food qui représente le paroxysme de la standardisation nous recommande d'« être nous-mêmes » et de « venir comme on est » (subvertissant abominablement la comète grunge des années 1990[1]), la société de consommation aime nous recommander de « prendre soin de nous ». C'est une formule de politesse convenue, un *topos* publicitaire, un filon du développement personnel, une devise globalisée et un cliché putaclic. Quelle formule mime aussi bien la sollicitude et la chaleur de la relation ? Quel conseil semble plus conscient de nos efforts, plus soucieux de notre bien-être et plus attentionné ?

Pourtant, ce mot d'ordre travestit mal la pression consumériste et les injonctions impossibles qui nourrissent la haine de soi en nous faisant travailler à combler sans relâche la béance qu'elles creusent en nous – puisque « prendre soin de moi », c'est ce que je ne fais jamais, occupée que je suis par l'ensemble de mes tâches et déterminée souterrainement à tout faire passer avant moi. Cet idéal inatteignable concentre alors en lui le rêve de plénitude et d'accomplissement qui sert de carburant à la consommation. « Prendre soin de

1. *Come as you are* est un titre emblématique du groupe de rock grunge Nirvana.

soi », ce serait en avoir terminé avec sa *to do list*, ses tâches et ses devoirs, jouir enfin de soi : mais pour que le système dure, il doit à la fois nous convaincre que cela arrivera et faire en sorte que cela n'arrive jamais.

La formule est admirablement floue : que devrions-nous faire exactement pour « prendre soin de nous » ? L'indétermination de ces mots ouvre grande la porte aux propositions érotiques des publicités, des magazines et des réseaux sociaux, qui se révèlent sans surprise participer de l'injonction à la consommation et de l'aliénation aux déterminismes de genre ou au regard d'autrui.

Soyons explicite : pour les femmes, souvent, « prendre soin de soi » est une périphrase hypocrite qui signifie « s'épiler ». Les plus aisées pourront confier la tâche à une esthéticienne : les jambes (orteils compris), le maillot, les bras, le visage, sans oublier le SIF (je vous laisse chercher si vous avez la chance d'ignorer cet acronyme). L'éternel retour du poil nécessitera au moins une séance par mois, deux si elles veulent « se sentir nickel », comme disent les esthéticiennes. Inutile de préciser que cela fait mal – mention spéciale pour le « maillot intégral[1] ».

« Prendre soin de soi » peut évoquer des images plus voluptueuses que l'épilation et se pratiquer au cours de longues déambulations dans des allées saturées de fragrances, de lumières et de miroirs, sous les regards ourlés et les lèvres boudeuses d'égéries cosmétiques surnaturelles. On achètera peut-être une crème très chère « parce qu'on le vaut bien ». Dans la salle de bains, on s'enduira de promesses parfumées, censées remédier aux disgrâces de la nature – rougeurs, rides, séborrhée

---

1. Épilation intégrale qui, d'après mes sources les mieux informées, se démode actuellement, Dieu merci.

ou sécheresse paradoxalement engendrées par l'usage excessif des crèmes de beauté, capitons graisseux, peau trop blanche, cicatrice de césarienne ou vergetures.

Parfois, c'est une nouvelle couleur de cheveux qu'on s'offrira au salon de coiffure, et « prendre soin de soi » signifiera alors masquer ses cheveux blancs pour tromper l'âge et profiter quelques années encore des regards avant la dissolution dans l'invisibilité.

« Prendre soin de soi », c'est aussi manger *healthy*, selon le hashtag consacré : peu et vert (voire liquide et « détox »).

C'est encore s'inscrire à la salle de sport et consacrer son temps libre à préparer son corps pour l'été en participant aux cours d'abdos-fessiers qui nous éviteront, croyons-nous, d'avoir honte à la plage. Les heures perdues en séries mécaniques de *squats*, *crunches*, *burpees* et autres *splits*, dont la répétition – dans des postures souvent incorrectes physiologiquement – use les articulations, prépare jour après jour une vieillesse d'incapacité et de douleur et constitue une forme de maltraitance, une violence ordinaire contre soi.

« Prendre soin de soi », pour une femme, c'est généralement soigner son apparence selon les critères du regard masculin. Travailler à maintenir une apparence juvénile, saine et bronzée, glabre et ferme. Voilà ce qui est à désirer, récompense ultime et bien méritée de nos sacrifices quotidiens, ce que nous allons pouvoir enfin nous offrir – si nous réussissons à trouver le temps pour cela ! La puissance érotique d'une telle formule, sous les apparences du soin qu'elle caricature, reconduit les femmes au cœur du patriarcat.

« Prendre soin de soi » : derrière le proxénétisme de la formule par les forces consuméristes et l'imaginaire pour fille qui sert de repoussoir à la construction des garçons, c'est pourtant la quintessence de la sagesse qui est concentrée. Le soin est la tonalité par laquelle nous nous relions, sans la douceur duquel aucune grâce ne peut venir relayer, alléger ou illuminer nos efforts quotidiens : c'est la transfiguration du devoir en amour, de l'effort en tendresse, de l'aliénation en douceur de vivre. La captation du soin *de soi* par l'industrie du développement personnel ne doit pas nous tromper : nous ne devrions pas si fermement le distinguer du soin en général.

La puissance du soin est celle d'un lien : elle ne circule jamais à sens unique. Le soin est une navette qui fait dialoguer les cœurs, les corps et les gestes, en dessinant les motifs répétitifs et hypnotiques dont la variation, pour insensible qu'elle soit, n'en reste pas moins inévitable – les enfants grandissent, les objets cassent, les relations se périment. Le temps passe, qui use et patine les gestes. Bientôt on donnerait tout pour enfourner de nouveau dans la machine à laver les petits pantalons en 18 mois.

Encore une fois, comme avec la routine ou l'ennui, il y a là quelque chose à *traverser*, une autre rive à atteindre, une nouvelle perspective, plus juste et plus profonde, à découvrir et expérimenter. On ne saurait pourtant s'y maintenir éternellement, et inévitablement le soin sera de nouveau devoir, charge, effort et sacrifice, « nuit obscure[1] ». On n'échappera pas à l'ambivalence : tour à tour esclavage et pratique de la tendresse, le soin fait de la vie domestique un supplice sisyphéen autant que le lieu d'une infinité de petits *satoris*[2].

---

1. Cf. p. 67, note.
2. Dans le bouddhisme zen, *satori* est le nom de l'éveil. Un « petit *satori* » est un moment d'éveil, en même temps que d'intense plénitude et de paix.

C'est en revenant toujours à l'école du corps que nous apprenons à soigner, car c'est à notre vulnérabilité d'êtres vivants que le soin s'attache en premier lieu. Ce retour est souvent difficile pour les hommes, qui peuvent s'y sentir contraints plutôt que de l'accueillir ou le cultiver.

On n'aime pas y être ramené, rabaissé comme si notre dignité se situait ailleurs, comme si la noblesse de l'espèce humaine était dans la transcendance du corps, par laquelle nous atteignons aux seules dimensions qui font histoire et méritent considération : l'art, la morale, la religion… Tout entier rituel et répétition, le soin s'évanouit sitôt prodigué sans laisser aucune trace ni offrir aucune prise à la narration. On ne raconte pas qu'on a mis en route une machine à laver ou qu'on a donné son bain au petit. On ne raconte pas qu'on a nettoyé les vitres ou qu'on a pris un thé en regardant par la fenêtre propre. On ne raconte pas qu'on a brossé le chat, ni qu'on a remisé le linge d'été à l'arrivée de l'hiver.

Loin de nous mettre spontanément à l'école du corps, nous sommes même plutôt éduqués à lui mener la vie dure, à rester sourds à ses manifestations et à le dominer. Contre lui nous menons toutes sortes de guerres ascétiques, au nom de la philosophie, de la religion ou simplement du regard social, et la dureté avec laquelle nous le traitons est l'origine, estimons-nous, de toutes sortes de mérites. Dans la bataille contre le corps toujours plus que dans le silence du soin, nous trouvons à raconter et à mettre en scène…

La calomnie n'est jamais loin. La condamnation de la paresse nous interdit de connaître le repos, comme celle de la jouissance tord abominablement nos représentations du plaisir et de l'amour. On diffame le souci de soi en l'appelant égoïsme, on mate sans pitié les coups d'État émotifs sous les bottes de la milice rationnelle, la vieillesse nous semble une déchéance, la dépendance une indignité – parfois, on dit même que l'on préférerait mourir plutôt que de consentir à cette humiliation consistant à se laisser soigner quand on ne peut plus le faire soi-même.

Tout ce qui a trait aux fluides et aux entrailles est dégoûtant et doit être tu. Le grand œuvre le plus spectaculaire du corps, c'est-à-dire la grossesse – et l'accouchement, sans oublier la période post-partum –, est tenu à la lisière de la pensée, parfois comme une évidence de laquelle il n'y aurait rien à dire, parfois comme un sujet incommodant ou inconvenant, presque toujours comme un sujet féminin, donc marginal.

Quel philosophe a écrit sur ces sujets ? Lequel a témoigné quelque estime à la grossesse ? Lequel a pensé, non pas l'éducation de l'enfant à son humanité, tâche noble et virile s'il en est, mais le soin du nourrisson ?

Le corps est difficile à soigner, car on le conçoit généralement selon le lexique de la domination. Il est plus subversif qu'on le croit de se passer de ces catégories et de le traiter avec la douceur dont il a besoin pour s'épanouir. Le regard des autres en particulier, réel, fantasmé ou simplement intériorisé, est à son égard d'une dureté et d'une intransigeance impitoyables. C'est de lui que vient toute la propagande guerrière, c'est en lui que naissent les narrations qui l'asservissent, lui intiment le silence et lui apprennent à rester à sa place.

Le soin est un pacifisme dont le silence, parfois, peut mettre la propagande en déroute. C'est une forme d'amour, car prendre soin de soi, c'est apprendre à s'aimer. Cela consiste en premier lieu à cesser d'estimer sa valeur selon le regard des autres, et en second lieu à cultiver son jardin.

Pour aller le plus loin possible dans la découverte du vaisseau-corps et de ses possibles insoupçonnés, pour explorer sa nature, ses nécessités, sa liberté et comprendre que le corps est une autre manière pour l'esprit d'exister, il y a le yoga, qui *incarne* la vie spirituelle.

Les postures délivrent chacune un enseignement physique et spirituel personnalisé, intemporel et pourtant subtilement adapté à la singularité de la journée, où l'on apprend à reconnaître le mélange d'humour et de cruauté pédagogique qui caractérise les meilleurs maîtres.

Leur tenue installe dans la présence ; leur enchaînement nous coule dans le flux.

La musculation se développe en profondeur, où la santé s'enracine : dans la contraction du périnée, origine de l'énergie, dans la puissance du transverse où se fonde l'architecture du corps, dans la souplesse du psoas où se recueillent – dit-on – les fruits du karma. Les articulations se lubrifient, le système lymphatique est stimulé, l'oxygénation atteint les zones les plus négligées.

« Prendre soin de soi », c'est cultiver et expérimenter toutes les formes d'union et de paix[1] que l'on peut vivre en son corps. C'est très exactement l'inverse de la guérilla intérieure que désigne le plus souvent ce mantra de l'époque.

---

1. « Union » ou « paix » peuvent assez bien traduire l'immensément polysémique « yoga ».

CONCLUSION

Pyroplastie[1]

LES HOMMES ne se contentent pas de vivre, ils cherchent le bonheur. C'est la quête la mieux partagée, tant il semble toujours ailleurs : quand on aura ce qui nous manque aujourd'hui. Quand on sera en week-end, en vacances, à la retraite. Quand on aura quitté ses parents, terminé ses études, quand on s'offrira ce beau voyage ou ce grand mariage. Quand on pourra cesser de travailler. Quand on aura des enfants, quand ils seront grands et qu'on s'appartiendra enfin à soi, de nouveau. On supporte la traversée du jour en attendant demain[2].

---

1. « Pyroplastie » : du grec *pûr* (πῦρ), « feu », et *plastikós* (πλᾰστῐκός), « relatif au modelage ». Art du feu, travail de la matière par le feu.
2. L'ensemble de cette conclusion est inspiré par cette pensée de Pascal qu'on trouve dans la liasse intitulée *Vanité* (Lafuma 47) :

> « Nous ne tenons jamais au temps présent. Nous anticipons l'avenir comme trop lent à venir, comme pour hâter son cours ; ou nous rappelons le passé pour l'arrêter comme trop prompt : si imprudents que nous errons dans des temps qui ne sont pas nôtres et ne pensons point au seul qui nous appartient ; et si vains que nous songeons à ceux qui ne sont plus rien, et échappons sans réflexion le seul qui subsiste. C'est que le présent, d'ordinaire, nous blesse. Nous le cachons à notre vue, parce qu'il nous afflige ; et s'il nous est agréable, nous regrettons de le voir échapper. Nous tâchons

Parfois, nous découvrons que c'était hier que nous vivions, dans la lumière de l'enfance, l'intensité de l'adolescence, le marathon du soin à la petite enfance ou l'ascension d'une carrière professionnelle. Hier ou demain, c'est la même chose, puisque ce n'est pas maintenant, et il y a quelque chose du supplice de Tantale dans cette « vraie vie » qui nous échappe quand on se croit sur le point de la saisir. Nous mesurons ce qui nous manque en comparaison des histoires des autres et des fictions colorées, saturées de drame et gonflées d'intensité dont nous nous nourrissons avec gourmandise. Jamais nous ne cherchons la profondeur de l'existence dans le tranchant du couteau qui détaille le brocoli, dans le parfum domestique de la lessive qu'on sort du tambour, dans le trajet entre la boulangerie et la maison ou dans l'épluchage d'une clémentine.

Nous vivons exilés et nous nous consolons en espérant : ouverts par-devant, éventrés par le futur, dans l'hémorragie d'une vie que nous laissons filer avec impatience. C'est cela, être humain, et il ne s'agit pas d'un simple défaut de rationalité ni de volonté, qu'un peu de musculation philosophique suffirait à corriger[1].

---

de le soutenir par l'avenir, et pensons à disposer les choses qui ne sont pas en notre puissance, pour un temps où nous n'avons aucune assurance d'arriver.

Que chacun examine ses pensées, il les trouvera toutes occupées au passé et à l'avenir. Nous ne pensons presque point au présent ; et, si nous y pensons, ce n'est que pour en prendre la lumière pour disposer de l'avenir. Le présent n'est jamais notre fin : le passé et le présent sont nos moyens ; le seul avenir est notre fin. Ainsi nous ne vivons jamais, mais nous espérons de vivre ; et, nous disposant toujours à être heureux, il est inévitable que nous ne le soyons jamais. »

1. Comme le pensent les triathlètes stoïciens, en soulevant la fonte physique, logique et éthique dont la combinaison est supposée leur façonner l'exosquelette d'Iron Man qui les mettra à l'abri de toute vicissitude…

C'est plutôt le dévers naturel de l'existence, le tragique ordinaire de la vie humaine : le bonheur est là-bas, derrière cet effort, derrière cet accomplissement, derrière ces jours, ces mois ou ces années qui m'en séparent, le bonheur est là-haut, et si la pente est rude, c'est qu'il faut le mériter aujourd'hui pour en jouir demain.

Sur la pente de l'ordinaire les hommes vivent donc comme Sisyphe, poussant opiniâtrement le fardeau quotidien vers le sommet où ils pourront être heureux et se reposer, goûter au fruit de leurs efforts et tenir entre leurs mains ce qu'ils auront gagné en sacrifiant la journée à l'activité. Mais il n'est aucun plateau qui ne se change, au moment où on l'atteint, en camp de base d'une nouvelle escalade. Captivés par nos efforts, nous recommençons chaque jour l'ascension et partons à l'assaut de notre bonheur futur.

Parfois nous relevons la tête, et la prise de conscience de l'absurdité de cette ascension toujours recommencée nous frappe de plein fouet : le poids devient alors insupportable et nous écrase cruellement sur place, terrassés par la perte de la foi en un sommet à atteindre.

Mais pour ceux en qui le poids de l'éternel retour aurait engendré une nouvelle gravité, c'est bien à même la pente du quotidien que pourra être domestiqué le feu du présent, capable de cautériser l'hémorragie existentielle.

Cette purification par le présent, cette *pyroplastie sisyphéenne*, donc, est un travail d'alchimiste zen. Le présent est un feu étrange, dimension originelle de l'existence dont nous nous exilons dans des *Iliade* aventureuses et à laquelle parfois nous retournons dans des *Odyssée* intérieures[1]. C'est un feu de tourbe, souterrain et couvert d'un mille-feuille de strates et de couches sédimentaires. Si nous parvenons à l'inviter à la surface – par exemple dans la méditation, la contemplation ou le yoga, mais aussi dans les rituels, les tâches domestiques ou le soin que nous portons à ce que nous faisons –, il dévaste les fantasmes de l'imagination, le réseau des interprétations et le tissu mental de nos discours. Sa présence annihile la tyrannie du futur, de l'action et des projets. La toile d'araignée du sens, dans laquelle nous filons notre existence, se consume en révélant ce qu'elle dissimule : la présence pure du corps-esprit, l'« ici et maintenant ».

Ce feu consume les illusions et laisse indemne ce qui existe : il opère une combustion métaphysique. En d'autres temps, on l'a appelé Hestia, déesse du foyer, et comme tous les dieux, c'est sous un déguisement humble, parfois même misérable, qu'il se présente au seuil de notre porte pour mieux éprouver notre hospitalité. J'aimerais apprendre à le reconnaître et l'inviter à demeurer, car il est aussi doux avec la vie qu'il est impitoyable avec ses contrefaçons.

Le présent est difficile à aimer, car notre attention peine à s'en tenir à lui. Il semble manquer d'intensité, parce que son étoffe est celle de la répétition, qui souvent anesthésie. Il semble manquer de densité, car il ne produit aucune œuvre et s'abîme seulement en lui-même – on appelle cela le travail domestique. Il nous est difficile de trouver de la valeur à ce qui doit être chaque jour silencieusement recommencé, par quoi on ne gagne pas de reconnaissance, et que le

---

1. Cette *Odyssée* était le sujet de mon premier livre : *Ouvrir l'espace, une philosophie du minimalisme*, 2019.

luxe consisterait à pouvoir déléguer à une employée de maison. Rangement, cuisine, lessive, vaisselle, ménage, soin aux enfants. Demain, encore et pour toujours : le supplice de la vie quotidienne.

Qu'on délègue les tâches domestiques en fonction du genre selon la méthode multimillénairement éprouvée du patriarcat – ou plus bourgeoisement en engageant une aide ménagère – ou qu'on les partage équitablement, en fonction de ce que chacun déteste le moins faire, peut-être, cela ne change rien à notre regard habituel sur le quotidien : il faut bien s'aliéner quelques heures par jour et recommencer demain. Entre le Charybde de l'activité professionnelle et le Scylla de l'activité domestique, il ne reste qu'à braconner sur le sommeil de quoi se sentir vivre pour soi.

À chaque fois, le même présupposé, la même certitude que l'on n'interroge pas, la même porte claquée à la face de la déesse : l'activité domestique est une aliénation. La vie est ailleurs.

J'ai voulu envisager la vraie vie ici aussi, dans les plis du quotidien le moins flamboyant, dans ce que l'on a appris à considérer comme étant le plus aliénant et le moins épanouissant. Je crois que l'ordinaire domestique peut n'être pas une prison et se faire école – mais le professeur que je suis comprend bien comment l'élève confond spontanément les deux... Dans le *zendo* domestique, comme dans toutes les écoles, on engage une discipline et ce n'est pas toujours agréable, car ce n'est pas cela qui est visé. Comme à l'école, il faut commencer par faire confiance à l'enseignement, *a priori*, ce qui demande humilité et vulnérabilité. Comme à l'école, l'orgueil et la certitude que l'on n'a rien à apprendre constituent des obstacles pédagogiques parfois indépassables, alors que le désir d'apprendre, une fois suscité, ne s'éteint plus et transforme toute une vie. Comme à l'école, enfin, c'est l'émancipation que l'on y gagne.

On y apprend à reposer en soi, bercé dans la paume de ses activités, occupé à bien faire, absorbé dans l'« ici et maintenant » du geste exact. Toutes choses bien différentes de l'agitation que l'on déploie à l'extérieur afin de convaincre et de se convaincre que l'on mérite d'être heureux car on est productif, utile et capable d'abnégation.

On y apprend la noblesse de toutes les activités domestiques tant qu'elles sont pratiquées à la lumière du feu d'Hestia. Toutes choses bien différentes de la hiérarchie habituelle qui valorise l'action visible, l'exercice du pouvoir, l'argent que l'on gagne, et méprise ce qui ne produit rien de tout cela.

On y apprend la vulnérabilité du corps, qui nécessite la tendresse de soins continuels pour se relier à tout ce qui vit et y plonger les racines d'une paix intégrale. Toutes choses bien différentes de la domination du corps par les narrations sociales, qui veulent que l'on s'estime à proportion de la soumission à laquelle on est capable de le réduire.

On y apprend la magnificence du silence, le tissage de l'émancipation à même les fils de soie de la nécessité, la pureté du présent que dénude le geste conscient.

Où pourrait-elle être, cette école, sinon là où Sisyphe vit, sur la pente ordinaire du quotidien ?

Je suis un Sisyphe heureux de prendre chaque jour sa leçon, même si souvent je suis cancre et ingrate, même si souvent je comprends mal, si je me rebelle, si je me cherche des excuses ou si je refuse de pratiquer et d'apprendre.

Je suis un Sisyphe délivré du vœu d'aboutir, préoccupé seulement d'aimer du mieux qu'il peut : soi-même et les autres, les choses et le passage du temps.

Je suis un Sisyphe échappé du supplice de l'absurde et réfugié dans le cosmos[1]. Un Sisyphe qui n'a pas quitté sa montagne, pourtant, et pour qui, vu de l'extérieur, rien n'a changé.

Je suis un Sisyphe qui roule sa pierre en répétant le mantra de Nietzsche : « *Da capo* ! »

---

1. En grec, *kósmos* (κόσμος) signifie aussi bien « univers » qu'« ordre », « cycle » ou « beauté ».

Addendum

Traque d'un faune espiègle

Cette nouvelle a été écrite dans le cadre d'un concours que je n'ai pas gagné, dont la contrainte était : « Le bonheur est un piège dans lequel je suis plusieurs fois tombée. » Elle n'est pas autobiographique.

Le bonheur se cherche, mais quand on l'attrape, il nous poudre les doigts comme le papillon dont on pince les ailes et qu'on tue de vouloir garder toujours.

Le propre d'un piège, c'est de se dissimuler au point qu'on ignore s'y être égaré. On ignore la menace et on sourit benoîtement en admirant le paysage. Le bonheur est un piège dans lequel je suis plusieurs fois tombée. Je suis comme tout le monde, comme tous les papillons autour de la flamme nocturne : je cherche le bonheur, qui semble se donner et se ravise en se moquant, surtout si on a cru le saisir.

Le bonheur a d'abord pris la couleur de miel des yeux de ma mère. Sa douceur était un paradis perdu, dont je ne cessais de chercher la trace. Elle avait dû exister, n'est-ce pas ? Comment en aurais-je eu la nostalgie si je n'y avais goûté ? Enfant, je ne faisais rien qui ne visât à gagner ma place dans ses bras, sous ses caresses.

Je voulais être son chat, car rien ne me semblait plus désirable que d'être distraitement pétrie par ses doigts, tandis qu'elle serait en train de lire.

Je vois aujourd'hui l'origine de ma vocation de météorologue dans la passion vitale qu'a été pour moi la lecture et l'interprétation de ses humeurs. Ma mère était un phénomène climatique imprévisible, que je me suis acharnée à rationaliser et à apprivoiser, dont je me suis évertuée à me faire aimer. Capricieuse comme l'orage, elle jetait des éclairs comme Zeus, frappait comme Thor, submergeait comme une déesse Tsunami. Mais si on savait sacrifier aux moments opportuns, si on faisait preuve de piété, alors elle faisait pour nous des étés indiens et des alizés qui nous laissaient hébétés de tendresse.

Je suis restée plus longtemps que mes frères et sœurs aux prises avec l'impossible défi d'apprivoiser ses colères et de profiter de ses grâces. Devine-t-on ce qui est arrivé ? Je suis si bien parvenue à mes fins ! Elle avait usé tout le monde, et tous l'avaient quittée. J'étais restée seule avec elle, éperdue, non sevrée encore à vingt-cinq ans. Ses yeux étaient toujours le centre de ma vie, et ils ont commencé d'acquérir un velours flouté que j'ai pris pour de l'amour, mais qui s'est avéré être le premier symptôme d'une maladie dégénérative. Ma mère a perdu son empire climatique en même temps que le reste de ses facultés plus humaines, et je l'ai enfin eue toute à moi, longtemps, à satiété. J'ai eu ce que j'avais souhaité, ses mains me caressaient, mais ses yeux ne me reconnaissaient plus. Chaque jour elle devenait plus transparente, chaque jour l'absence gagnait un peu de terrain sur la présence, et mon cœur se déchirait un peu plus. Sa mort m'a délivrée.

J'ai scellé moi-même ses yeux, et j'étais un navire dont le port n'existait plus, condamnée à errer comme Ulysse. Je n'avais pas été heureuse pendant les dernières années de ma mère, le bonheur m'avait échappé lors même que mon vœu ombilical s'était réalisé. Le destin a le sens du sarcasme : mon rêve fusionnel s'est fait cauchemar, du genre de ceux qui sentent l'hôpital, l'écrasante responsabilité et la solitude. Le bonheur que j'avais voulu puiser aux yeux de ma mère s'était pétrifié entre mes doigts, il était devenu friable et froid, il était tombé en poussière tandis que j'essayais de lui redonner forme, et finalement le vent l'a emporté.

À la dérive, j'ai découvert pour la première fois la traîtrise du bonheur. Son sourire se révélait masque grimaçant.

Éperdue de douleur et de liberté, j'étais prête à tomber dans son nouveau piège. J'allais découvrir la passion.

Je n'avais jamais été disponible pour l'amour, parce que l'ombre de ma mère n'avait laissé à aucune jeune pousse de cet ordre la possibilité de s'enraciner. J'étais à elle, et cela était bon. Mais le vide qu'elle a laissé était un appel d'air.

J'ai rencontré Thibaud à Copenhague, où j'errais l'été suivant la mort de ma mère, à la recherche de tout ce qui se révélerait capable de me distraire de mon néant. Dans l'apathie la plus totale, j'avais déjà visité Bruges, Amsterdam et Stockholm. Je m'apprêtais à traîner mon ennui vers Berlin avant de rentrer à Paris. Je visitais les musées le cœur glacé et attentive à ma peine. Je marchais sans but pendant des heures, je dormais tôt, dans de petites chambres louées chez l'habitant, je me réveillais encore plus tôt et je lisais au lit sans rien comprendre, attendant de sortir déjeuner.

Dans un marché couvert où j'avais commandé des pâtisseries à la cannelle pour accompagner mon café sucré, j'ai entendu parler français. Indiscrète, j'ai écouté la conversation. Deux hommes et une jeune femme, parisiens sans doute, évoquaient le programme de leur journée. Je ne me suis pas retournée vers eux et j'ai continué de manger en écoutant leurs voix. Deux d'entre elles étaient anodines, mais le timbre de la troisième m'a fascinée comme aucun des vénérables tableaux dont je me goinfrais sans plaisir n'avait su le faire. J'étais un chaton que sa mère saisit par la peau du cou, paralysée, dépendante, en sécurité. Je pouvais sentir l'endroit exact de ma nuque d'où rayonnait ce phénomène.

C'était la première fois que je ressentais quelque chose depuis des mois, depuis des années sans doute. J'ai mis longtemps à recouvrer une pensée rationnelle, mais quand j'ai réussi à émerger de mon hypnose, j'ai fait ce qu'il fallait.

Les trois amis – Thibaud, sa sœur Margot et le petit ami de celle-ci, Alexandre – sillonnaient la ville depuis deux jours et se demandaient s'ils allaient visiter le musée de Louisiana, à une quarantaine de kilomètres au nord, sur la riviera danoise. C'était mon programme du jour : j'avais arpenté sans conviction le palais de Christiansborg la veille et je misais sur l'art contemporain pour me sortir de ma torpeur.

Je ne sais plus comment je me suis immiscée dans leur journée. Peut-être les ai-je aidés à trouver la gare et le train qu'ils cherchaient. Ou peut-être ai-je attendu d'être assise en face d'eux dans le train pour plaisanter sur les noms imprononçables des stations.

Je me rappelle que nous avions ri devant la peinture danoise contemporaine, avec toute la grossièreté joyeuse des étrangers sûrs de n'être compris par personne. Dès la fin de matinée, Alexandre et Margot avaient pris leurs distances avec le couple que nous commencions de former, et Louisiana était le plus bel endroit au monde. Nous parlions et riions en un flot ininterrompu, pris d'une ivresse réciproque.

Nous avons déjeuné tous ensemble au restaurant du musée, face à la mer du Nord, de harengs pommes à l'huile et de saumon fumé à la crème aigre. Margot et Alexandre ont plaidé pour le retour à Copenhague – ils avaient vu assez d'art comme ça et voulaient terminer la journée dans le quartier de Christiana, comme ils l'avaient déjà fait la veille. J'ai dit que je restais, Thibaud aussi.

Tout a été si vite ! Un peu plus tard dans l'après-midi, après avoir traversé une exposition de photographies, c'est dans une des salles consacrées à Giacometti que nous nous sommes embrassés, et ces premiers baisers ne nous semblaient même pas prématurés. Nous étions seuls dans cette haute salle, face au mur de verre qui ouvrait sur la surface grise d'un petit étang où traînaient les saules pleureurs. Le marcheur de Giacometti était la seule œuvre de cette salle, je crois, et le bronze est témoin de l'amour né ce jour-là.

Thibaud a pris toute la place dans ma vie, nous avons brûlé les étapes au mépris de toute prudence, comme si nous ignorions les codes élémentaires de la fréquentation amoureuse. Nous étions passionnément amoureux, c'est-à-dire que chacun était victime de l'enchantement qui pare l'autre de toutes les qualités qui le fascinent. Au cœur de nos délires respectifs, nous ne nous voyions pas, mais chacun projetait son idéal sur l'autre, qui s'efforçait sans le savoir de tendre vers celui-ci.

Nous étions si passionnément amoureux qu'il nous a fallu deux ou trois ans peut-être pour nous rencontrer réellement, le temps que l'idéal reflue face à la réalité et cède le terrain qu'il occupait. Quand les mois passés ensemble nous ont dépouillés de toutes nos perfections imaginaires et que nous nous sommes retrouvés face à face, nous nous sommes demandé si nous devions nous séparer. Nous ne nous disputions pas, mais la tiédeur qui succédait à notre passion était embarrassante. Petit à petit, nous devenions des amis, ou des frère et sœur. Nous vivions ensemble, mais l'effusion des corps avait disparu. Sa voix avait perdu depuis longtemps sa capacité d'envoûtement et je comprenais que le bonheur s'était de nouveau joué de moi. Insensiblement, la passion s'était dégonflée en banalité. Il n'y avait pas de raisons évidentes de se séparer, alors nous sommes restés ensemble, cimentés par le respect, les habitudes et l'appartement acheté ensemble.

Je n'étais pas malheureuse, mais j'étais dupée. Encore une fois, j'avais tendu le bras et refermé les doigts sur le vide. Mon histoire avec Thibaud ne s'est pas terminée, mais l'incendie n'était plus qu'une veilleuse. Si encore nous nous déchirions ! Si l'un de nous avait été adultère ! Mais non, le bonheur s'était seulement évaporé au fil du temps. La passion qui se survit constitue un piège bien pire que celle qui se termine par des éclats, qui permet de tout brûler et de recommencer plus tard.

Le bonheur a alors revêtu un nouveau masque, son plus beau peut-être : la maternité. Mes jumelles, Venise et Athéna, étaient deux petits miroirs où il se reflétait comme dans une galerie des glaces. Leur père les aimait, je les vénérais. Elles étaient vives et intelligentes, et elles formaient à deux une totalité autonome, orgueilleuse et indivise. Leurs colères m'asservissaient, leurs rires étaient une ambroisie, leurs pleurs ôtaient ses couleurs à l'existence. Leur amour était magnanime et elles me laissaient les adorer. Je les accompagnais à la danse, et j'écoutais leurs récitals de piano. Je cuisinais leurs plats préférés et je ne me lassais jamais de leurs babillages. Elles ont eu cinq ans et j'ai invité toute leur classe à un goûter d'anniversaire sur le sable de la grande plage de Saint-Malo. Elles ont eu huit ans et nous les avons emmenées visiter les villes qui leur avaient prêté leurs noms. Elles ont eu douze ans et ont régné au collège, entourées d'une cour de favoris. Elles ont eu seize ans et des histoires d'amour. Elles ont eu dix-huit ans et sont entrées en prépa. Elles ont eu vingt ans et elles ont trouvé l'amour. Elles ont eu vingt-deux ans et elles sont parties vivre en Chine, devenir interprète et chercheuse en biologie. J'ai tellement réussi ces enfants qu'elles ont acquis cette confiance en elles infaillible qui leur a permis de me quitter sans se retourner : en jeunes femmes parfaites, en réussites éducatives impeccables. Le bonheur d'être mère est celui d'une rampe de lancement : son triomphe est sa perte.

Ainsi une troisième fois, j'étais dépossédée de mon bonheur, lors même que j'avais réussi à l'atteindre. Je ne pouvais pas me plaindre d'avoir rien échoué, mais le bonheur m'avait échappé comme un faune espiègle après m'avoir laissé croire qu'il se donnerait à moi. Il avait disparu avec un éclat de rire, et s'était dépêché de tendre un nouveau piège.

J'ai couru m'y jeter.

Je gagnais correctement ma vie, mais Thibaud, de manière relativement inattendue, s'est révélé un entrepreneur visionnaire. Nous gagnions beaucoup d'argent à cette époque. Je n'ai jamais poussé la vulgarité jusqu'à croire que l'argent faisait le bonheur, mais peut-être était-il temps de cesser de chercher ailleurs qu'en moi ce bonheur fuyant ? J'ai eu envie de connaître le plaisir, de penser à moi, de vivre pour moi.

Le plaisir est un piège séduisant, à l'hameçon duquel se prennent le corps et l'esprit. J'ai délaissé la profonde abnégation de la maternité pour la superficialité et la légèreté : j'ai traversé cette décennie comme une bulle de champagne. Je faisais livrer chaque jour des camélias ou des rameaux d'eucalyptus pour orner les beaux vases chinés par ma décoratrice d'intérieur. Je passais les vacances d'hiver aux restaurants d'altitude des stations de ski, les étés dans les fjords et les automnes en Californie. Je me faisais masser. J'ai même eu une cuisinière pendant quelques années, une Libanaise qui me préparait des chaussons aux épinards et au sumac, des moussakas, des houmous au paprika fumé et des grenades à la fleur d'oranger.

J'ai arrêté de travailler, puisque je n'en avais nul besoin. Thibaud ne m'enviait pas et n'y trouvait rien à redire. Il voulait que je sois heureuse, que je profite de la vie. J'avais quelques amies, que je retrouvais chez Mariage Frères, où nous dégustions thés et pâtisseries sophistiquées.

Je me suis gâtée.

La quête du plaisir orientait mes jours, et j'avais les moyens de jouir à profusion. Plus j'additionnerais les plaisirs, plus je serais heureuse, c'était inévitable. Qu'est-ce que le bonheur, sinon la somme de plaisirs sans fin ? J'avais les moyens de m'offrir pratiquement tous les plaisirs qui me tentaient, dans les limites d'une certaine décence, probablement jusqu'à la fin de mes jours. J'avais doré à l'or fin et tendu de soie la cage qui me permettrait d'attraper mon petit faune. Il allait y entrer, c'était certain. Il allait y entrer et s'y prélasser, pour ne jamais plus me quitter. Je fermerais la porte de sa cage et je serais heureuse.

J'ai mis longtemps avant de comprendre ce qui ne fonctionnait pas. L'accumulation des plaisirs aurait dû me rendre heureuse, mais le bonheur persistait à rester devant moi, futur, comme s'il refusait de se laisser capturer par le plaisir. Pire encore, commençais-je à apercevoir, c'était moi qui m'étais laissée captiver par ses mirages ! Je me découvrais dupée une fois de plus, roulée comme un loukoum dans le sucre glace ! Cela m'a crevé les yeux un soir d'automne pluvieux, sous la verrière d'un salon de thé exquis où nous goûtions de thé blanc et de gâteaux parfumés à la fève de tonka.

Mes amies bavardaient et j'écoutais en rêvassant les histoires habituelles que nous nous racontions. De leurs bouches sucrées par les pâtisseries coulait un fiel sévère et triste. La médisance, toujours maquillée de sollicitude, était l'essentiel de nos conversations. Quelle était cette joie mauvaise que nous prenions pour le bonheur lui-même ? Comment avais-je pu me laisser prendre à pareille contrefaçon ? Je me suis éveillée comme Bouddha sous son arbre, et j'ai vu clair : le plaisir évide.

Comme une addiction, il a l'air d'être la voie, mais il lui en faut toujours plus. Plus on lui cède, plus il devient tyrannique, moins il est possible de parvenir à la plénitude qu'il avait promise. Petit à petit, il concentre en lui toutes les couleurs, dessèche tout ce qui poussait autour et ne laisse que la peau sur les os. Je me sentais vide. Mon existence, tout entière dévolue à faire mon plaisir, était si creuse qu'il n'y avait plus maintenant que la joie mauvaise pour tenir lieu de colonne vertébrale. La recherche du plaisir avait saccagé tout le sens dont j'avais pu tisser jusque-là mon existence. Elle m'avait enlevée à mes chères cartes météorologiques en me faisant croire qu'elles étaient une peine, elle m'avait insensibilisée à l'éloignement de mes filles et m'avait dissuadée de voler les retrouver. Elle venait d'engloutir tout rond une décennie entière, dont je découvrais trop tard le désastre de vanité.

Sous la surface dorée, tout avait été mangé par les termites.

Mon existence s'effondra sous mon poids.

Je n'ai pas cherché à « voir quelqu'un ». J'ai dissimulé ma nausée existentielle et j'ai seulement mis un terme à mes errances délicieuses. Cela ne m'intéressait plus.

J'ai abandonné.

Il était trop tard. J'avais eu toutes les occasions de tenir mon bonheur, et toutes avaient échoué, s'étaient révélées traîtresses, ne donnant jamais ce qu'elles avaient promis. Le bonheur s'échappait toujours, riant de ma naïveté, comme enchanté de me voir me précipiter dans chaque nouveau piège, à peine émergée du précédent.

J'ai rendu les armes.

Et il s'est passé quelque chose. La réalité a commencé à s'attendrir, ses couleurs devenaient plus douces et le présent plus enveloppant. Je ne sais quand cela a commencé, mais je me rappelle quand cela est devenu si tangible que je ne pouvais plus l'ignorer. C'était en Normandie, à l'automne, dans la petite maison que nous nous étions offerte, pour faire comme tous les autres et nous rendre heureux.

Je regardais une tasse de thé. Elle n'était pas neuve, je ne sais pas d'où elle venait, peut-être avait-elle été vendue avec la maison. L'émail était légèrement ébréché, elle ne devait pas être très précieuse, mais mon cœur s'est serré soudain, en un camaïeu d'émotions. Solitude, nostalgie, beauté, sanglots longs de l'automne et fuite du temps, perfection de l'instant, concentration du présent dans une tasse de thé sencha.

La traque du bonheur avait cessé, et avait laissé place à quelque chose de tout à fait inattendu : la paix.

Le bonheur est un mirage qui se dissipe dès qu'on veut le saisir, un petit faune sauvage qu'on croit devoir domestiquer. C'est un piège, parce que nous nous imaginons que nous pouvons le capturer et le garder chez nous comme un trophée. Alors la vie se transforme en guerre, nous nous faisons stratèges, nous nous livrons corps et âme à la bataille parce que nous croyons que nos efforts nous permettront plus tard d'avoir le bonheur pour nous.

Le bonheur est un piège, la paix est un cessez-le-feu.

Je n'ai plus essayé d'attraper le bonheur, mais j'ai fait de ma vie un jardin où il peut venir jouer, tandis que je l'observe de loin en buvant le thé.

J'ai déclaré la paix au bonheur et, timidement, il s'est laissé voir. Il n'est dans aucun futur, mais toujours au creux du présent. Je n'ai plus cherché à le capturer, alors nous nous sommes réconciliés. Je l'observe de loin folâtrer dans l'herbe. Je lui laisse toujours le fond de mes tasses de thé.

Remerciements

Rien n'existe *par soi seul*, et je ne crois pas qu'il y ait quelque part un « moi » bien délimité et substantiel dont soit issu ce texte.

L'illusion d'une existence *par soi* de l'ego me fait toujours penser au baron de Münchhausen, embourbé dans un marais, qui se tire – littéralement ! – d'affaire en se saisissant de ses propres cheveux pour se hisser lui-même – ainsi d'ailleurs que le cheval entre ses jambes ! Comme le baron de Münchhausen, le moi a tendance à croire qu'il existe *en soi*, de manière absolue. Il se considère lui-même comme l'origine d'actions libres et spontanées qui sont *ses œuvres propres*, dans lesquelles il se fait tout seul et se reconnaît, *causa sui*[1].

Un tel moi me semble relever de l'illusion romantique. Je trouve plus pertinent – plus beau aussi, ce qui ne gâche rien – d'opérer, à propos du moi, une révolution copernicienne : de le penser *dérivé* de l'interdépendance de toutes choses, de le considérer comme une conséquence avant de le penser comme une cause.

Cela signifie que ce que *je* suis et exprime est toujours hérité, emprunté ou reçu, et toujours aussi adressé, donné ou rendu. Ce que je suis commence toujours ailleurs et ce que j'écris ne m'appartient pas spécialement.

1. En latin, « cause de soi ».

Certes, cette pensée de l'interdépendance relativise le sujet, ce qui peut être un peu douloureux pour sa soif de reconnaissance. Mais quand on commence à se l'approprier et à l'éprouver, elle devient aussi une immense source de gratitude, et celle-ci est *bien plus* qu'un plaisir.

Mes remerciements et ma sincère gratitude vont donc à tous ceux qui m'ont inspirée et aidée, et plus largement à tous ceux qui tissent chaque jour la tapisserie de ma vie, au cœur de laquelle ce livre est né.

Quant au livre, il ne serait pas ce qu'il est aujourd'hui sans les conseils de mon ami Louis Sagnières, dont le sens du texte, la qualité du regard philosophique et la sincérité directe m'ont été si précieux et m'ont permis de me remettre à l'ouvrage pour viser plus haut, dans la canicule de l'été 2022 à Combourg, chez François.

Le soutien sans faille – et tout sauf virtuel – de Frédéric Le Van ainsi que la douceur et la profondeur d'ostéopathe de son tact syntaxique m'ont été d'une aide inestimable pour retravailler la structure des phrases.

Une respectable population de fautes d'orthographe a été débusquée avec l'aide de Nicolas Rousseau et surtout de ma mère Brigitte.

La préface m'a été offerte par Kankyo Tannier, que j'admire plus que quiconque !

Je remercie enfin mes éditeurs, Bernard Chevilliat et Jean-Yves Clément : l'étanchéité entre rêve et réel semble maintenant moins établie.

Ce livre n'existerait pas non plus sans les autres membres de mon *zendo* personnel.

Morgan, trop proche pour pouvoir me lire, mais dans le granit duquel mon cœur de marbre pulse un réseau de veines tendres.

Constance et Côme, aussi peu lacustres que possible, qui m'ont donné une famille.

Charlotte, toujours là.

Ma sœur Pauline, dont les vocaux interminables sont comme autant de tasses de thé réconfortantes pour traverser la grêle du quotidien et célébrer ensemble le moindre rayon de soleil. Ma sœur Camille, avec laquelle je voudrais pouvoir habiter toujours. Mon frère Cédric, avec lequel, quelque part dans la nappe quantique du temps, je joue pour toujours aux Lego et à *Age of Empires*. Mon père Christophe : étrangement, nous nous précédons toujours l'un l'autre ! Ma mère Brigitte, qui n'a jamais douté de moi.

Je mesure chaque jour un peu plus le privilège de vivre ici, maintenant, dans la compagnie tranquille et affectueuse de tous ceux qui peuplent la répétition sisyphéenne de mes semaines.

Clotilde, ma plus belle histoire d'amitié, dont le soutien mercurial de cette année est particulièrement gai et précieux. Mûries ensemble au soleil post *#metoo* du féminisme – en rêvant bêtement à une vie où nous aurions été *sister-wives* –, nos conversations, légères, profondes et intimes, trouées par des nuées effervescentes d'enfants – il est possible que j'exagère –, sont les plus précieuses qui soient.

Pauline, alliée indéfectible du soulagement éducatif par la mutualisation des enfants, toujours prête à partager un thé et une conversation quand les après-midi de week-end se font longs.

La petite galaxie de tous ceux que je retrouve, de dimanche en dimanche, autour de brunchs paresseux et de goûters ensoleillés, mélangeant nos enfants et discutant bouquins, cinéma, éducation, déconstruction, devenant insensiblement adultes, finalement.

Et puis Gauvain, Gaby, Ève, Catherine et Thierry, Wilfrid et Jean-Marie, Marie et sa famille, Marion et Arnaud, Isa, Jérôme, Olivier et Sandra, Bernard et Alix, Vincent, Alexia et Stéphane, Marion B...

Tous mes élèves – surtout mes chouchous, à qui la retenue exigée par ma fonction m'empêche presque toujours de déclarer mon amour. Le *one-woman-show* de mon cours en salle 7 me donne l'occasion inévitable de travailler ma voix et mon *flow*, de tester mes hypothèses et d'améliorer mes *punchlines* grâce à la quantité industrielle de mots, d'idées et d'images, brassés artisanalement au tableau ou distillés dans l'alambic de leurs têtes adolescentes. La joie éthylique qui résulte de ces opérations n'est connue que de nous seuls.

La salle des profs du lycée Palissy, où notre communauté des forçats de la copie abat, dans les odeurs de café et de papier chaud, le travail on ne peut plus sisyphéen qui est le nôtre. *Rewind, play* !

Le cours de yoga de la lumineuse Marie Vezio, dans la rotonde vintage du stadium d'Agen, inestimable îlot d'Inde où j'apprends, de lundi en lundi, ce que peut le corps. *Namaste* !

La petite sangha du dojo zen d'Agen, où j'apprends, de jeudi en jeudi, ce que peut zazen. *Gasshō* !

Mais aussi « Le Boudoir », club secret de profs de philo entre les quatre murs virtuels duquel je me défoule l'esprit et les humeurs en me nourrissant des conversations les plus intelligentes, les plus stimulantes (Nour el Houda), les plus réconfortantes (le spin-off parental du « Boudoir »), les plus révoltantes (Axel) et les plus passionnées qui soient. *Pop-corn* !

Petite bibliothèque d'érotique domestique

CHADELAT, Céline, MAHÉ-POULIN, Marie, *Le Mois d'or. Bien vivre le premier mois après l'accouchement*, Presses du Châtelet, 2019.

CHOLLET, Mona, *Chez soi. Une odyssée de l'espace domestique*, La Découverte, 2016.

COCCIA, Emanuèle, *Philosophie de la maison*, trad. (italien) Léo Texier, Rivages, « Bibliothèque Rivages », 2021.

MATSUMOTO, Keisuke, *La Maison zen. Nettoyer, laver, ranger… Une méthode simple pour une vie plus sereine*, L'Iconoclaste, 2017.

MURAKAMI, Haruki, *Le Meurtre du Commandeur*, livre 1 : *Une idée apparaît* ; livre 2 : *La métaphore se déplace*, trad. (japonais) Hélène Morita, Belfond, 2018.

OKAKURA, Kakuzô, *Le Livre du thé*, trad. (japonais) Corinne Atlan et Zéno Bianu, Picquier, 2012.

REZVANI, Serge, *Le Roman d'une maison*, Actes Sud, 2001.

TANIZAKI, Jun'ichirô, *Louange de l'ombre*, trad. (japonais) Ryoko Sekiguchi et Patrick Honnoré, Picquier, 2017 (écrit en 1933).

THOREAU, Henri David, *Walden ou la vie dans les bois*, trad. (anglais) Louis Fabulet, Gallimard, « L'Imaginaire », 1990.

WIKING, Meik, *Le Livre du hygge. Mieux vivre la méthode danoise*, trad. (danois) Marion McGuinness, First, 2016.

Table

PRÉFACE. Aux portes des sens (Kankyo Tannier)... 7
AVANT-PROPOS. Coming-out... 11

Première partie
In media res

1. Passer notre amour à la machine... 17
2. La confiance des carottes... 24
3. Théologie domestique... 32
4. Une chambre à soi... 37
5. L'art des épices et la sagesse de la *genmaï*... 41
6. Du sexe, à la capitale et dans nos campagnes.... 48
7. Désirer un enfant... 53
8. Le corps mammifère... 56
9. Yoga maternel... 60
10. Les *asanas* sombres... 65
11. Orages amers... 69
12. L'école de l'abandon... 72
13. L'éthique oasite... 78
14. *Shibari*... 82
15. Du matin et du soir... 89
16. La vie intérieure... 93

Seconde partie
Zendo

17. Une école domestique 99
18. Mars et Vénus 107
19. Éros domestique 114
20. Le suprémacisme de l'action 120
21. *Da capo* 128
22. Rituels et zombies 134
23. Les sables de l'ennui 139
24. Lumière des grèves 145
25. Le Far West sous mes pieds 152
26. « Prendre soin de soi » 157

CONCLUSION. Pyroplastie 167
ADDENDUM. Traque d'un faune espiègle 175
Remerciements 187
Petite bibliothèque d'érotique domestique 191

CET OUVRAGE A ÉTÉ MIS EN PAGES
PAR NORD COMPO
À VILLENEUVE-D'ASCQ.

ACHEVÉ D'IMPRIMER EN SEPTEMBRE 2023
PAR SEPEC NUMÉRIQUE À PÉRONNAS
POUR LE COMPTE DU PASSEUR ÉDITEUR.

Dépôt légal : octobre 2023
N° d'impression : N28084230857
Imprimé en France

PEFC 10-31-3532